健行领航
——商科学子发展攻略

主编◎吴 笑 李小平

四川大学出版社
SICHUAN UNIVERSITY PRESS

图书在版编目（CIP）数据

健行领航：商科学子发展攻略 / 吴笑，李小平主编
. -- 成都：四川大学出版社，2024.4
ISBN 978-7-5690-6888-7

Ⅰ. ①健… Ⅱ. ①吴… ②李… Ⅲ. ①大学生－人才成长－研究 Ⅳ. ① G645.5

中国国家版本馆CIP数据核字（2024）第 095583 号

书　　名：健行领航——商科学子发展攻略
　　　　　Jianxing Linghang——Shangke Xuezi Fazhan Gonglüe
主　　编：吴　笑　李小平

选题策划：吴连英
责任编辑：吴连英
责任校对：于　俊
装帧设计：墨创文化
责任印制：李金兰

出版发行：四川大学出版社有限责任公司
　　　　　地址：成都市一环路南一段 24 号（610065）
　　　　　电话：（028）85408311（发行部）、85400276（总编室）
　　　　　电子邮箱：scupress@vip.163.com
　　　　　网址：https://press.scu.edu.cn
印前制作：成都墨之创文化传播有限公司
印刷装订：四川省平轩印务有限公司

成品尺寸：170mm×240mm
印　　张：12
字　　数：208 千字

版　　次：2024 年 11 月 第 1 版
印　　次：2024 年 11 月 第 1 次印刷
定　　价：54.00 元

本社图书如有印装质量问题，请联系发行部调换

版权所有 ◆ 侵权必究

扫码获取数字资源

四川大学出版社微信公众号

前言

在全面建设社会主义现代化国家、以中国式现代化全面推进中华民族伟大复兴的宏伟征程中，习近平总书记深刻指出："教育是国之大计、党之大计。"作为培育时代新人的前沿阵地，高校承担着为党育人、为国育才的神圣使命。四川大学商学院学生思想政治工作队伍始终坚持以习近平新时代中国特色社会主义思想为指导，积极探索高等教育高质量发展的新路径，致力于培养有理想、有本领、敢担当的新时代青年。

面对新时代对人才培养提出的新要求，我们清醒地认识到，只有坚持以学生为中心，将思想政治教育与学生成长发展需求紧密结合，才能真正实现教育的高质量发展。于是，"健行辅导员工作室"应运而生，它以习近平新时代中国特色社会主义思想为指导，专注于大学生的成长发展指导，旨在满足新时期学生的成长需求，为他们提供专业化和个性化的服务。

广泛调研揭示出，多数学生在初入大学时，仍未从中学的学习模式中完全转变，对于应如何有效利用四年的大学时光并没有明确的规划。鉴于此，健行辅导员工作室针对低年级本科生，在2021年和2022年分别推出了《商学院本科生深造指南》和《商学院本科生成长手册》。有了系统的指导用书，许多学生渐渐明晰了未来目标，找到了努力的方向和着力点。

这也进一步证明，学生并不缺乏主动规划和合理安排大学学习生活的意愿与动机，也并非无所事事、碌碌无为，而是缺失了一个能够深刻影响他们并为他们提供系统性引导的环境。

健行辅导员工作室聚焦学生发展需求，以一对一咨询、推文分享、日常答疑、团体辅导等多种方式，对有需求的学生进行指导，得到了师生的广泛好评。在工作实践中，工作室也积累了一些商科学生普遍关心的问题并探讨出了针对性的解决方案。同时，我们将教师在工作中积累的丰富经验和部分学长学姐的现身说法进行梳理，从零散的朋辈指导案例中总结出系统的、可借鉴的大学学习生活指南。

其中,"专业认知篇"以四川大学商学院为例,对商科涵盖的工商管理类专业和管理科学与工程类专业做了详细介绍,包括培养目标、培养要求、核心课程、就业方向、升学方向五部分;"学习深造篇"展现了保研、考研、学习达人和成功申请海外名校的学长学姐的智慧结晶,包括日常学习、推免保研、备战考研、留学深造、职业资格考试五部分,为学生提高学习效能和朝着不同的学业方向发展提供锦囊妙计;"科研竞赛篇"围绕科研论文、"大创"项目、各类竞赛三方面,介绍了科研和竞赛高手们的独门"法宝";"职业发展篇"是求职就业高手们千锤百炼的攻略秘籍,包含职业规划、实习实践、就业求职、考公考编、国际组织任职实习五部分;"综合发展篇"重在引导学生全面发展,以提高学生的综合素质和能力,包含社团活动、志愿活动、第二课堂、社会实践、入党事项五部分;"大学生活篇"是热爱生活的学长学姐们对校园生活进行的大盘点,包含校内生活、校内设施、个人调适三部分;"成长案例篇"是优秀学长学姐倾囊相授的大学成长经历,可为大家的大学生涯规划树立榜样和提供借鉴。相信在老师和学长学姐的指引下,学生只要保持积极向上的心态,找到适合自己的大学目标,就能不断提高自我效能,为走向更为广阔的人生舞台奠定坚实的基础。

  这本攻略,既是商学院学生思想政治工作队伍深入贯彻落实党的二十大精神、落实立德树人根本任务的生动实践,也是对"五育并举"育人理念的积极探索和具体体现。未来,我们将继续深化教育改革,创新育人模式,努力构建具有商科特色的学生发展指导工作体系,为培养更多优秀的新时代青年贡献力量。

  最后,希望本书能够成为广大商科学生成长道路上的良师益友,陪伴他们度过充实而美好的大学时光。衷心祝愿每一位同学都学有所成、学有所用、学有所乐、学有所获,在青春的舞台上绽放光彩,不负时代,不负韶华。

编者
2024 年 6 月

目录

专业认知篇	1
一、工商管理类专业	3
二、管理科学与工程类专业	5
学习深造篇	**9**
一、日常学习	10
二、推免保研	17
三、备战考研	24
四、留学深造	30
五、职业资格考试	35
科研竞赛篇	**47**
一、科研论文	48
二、"大创"项目	58
三、各类竞赛	60
职业发展篇	**87**
一、职业规划	88
二、实习实践	89
三、就业求职	99
四、考公考编	107

五、国际组织任职实习――――――――――――――――― 115
综合发展篇―――――――――――――――――――― **121**
一、社团活动――――――――――――――――――――― 122
二、志愿活动――――――――――――――――――――― 124
三、第二课堂――――――――――――――――――――― 126
四、社会实践――――――――――――――――――――― 127
五、入党事项――――――――――――――――――――― 128
大学生活篇―――――――――――――――――――― **135**
一、校内生活――――――――――――――――――――― 136
二、校内设施――――――――――――――――――――― 137
三、个人调适――――――――――――――――――――― 139
成长案例篇―――――――――――――――――――― **147**

专业认知篇

专业认知篇

高校商科学院一般指管理学院或者商学院，根据教育部《普通高等学校本科专业目录（2024年）》（以下简称"2024年目录"），管理类别的大类招生专业包括管理科学与工程类、工商管理类、公共管理类、农业经济管理类、物流管理与工程类、工业工程类、电子商务类、旅游管理类、图书情报与档案管理类，每个专业类包含数个细分专业。本篇以四川大学商学院为例，着重介绍工商管理类和管理科学与工程类两个大类专业。

普通高等学校对于管理类别中工商管理类和管理科学与工程类两个专业下面设置的细分专业，不同高校有不同的划分。在2024年目录中，工商管理类包含工商管理、市场营销、会计学、财务管理、国际商务、人力资源管理、审计学、资产评估、物业管理、文化产业管理、劳动关系、体育经济与管理、财务会计教育、市场营销教育、零售业管理、创业管理、海关稽查、内部审计这18个细分专业；管理科学与工程类包含管理科学、信息管理与信息系统、工程管理、房地产开发与管理、工程造价、保密管理、邮政管理、大数据管理与应用、工程审计、计算金融、应急管理11个细分专业。

各所高校根据自身学科优势和办学实际，对于工商管理类和管理科学与工程类两个专业大类设置的分流方向不尽相同。比如中山大学，工商管理类专业下设工商管理和会计学两个分流方向；北京大学光华管理学院工商管理类专业下设金融学、金融经济学、会计学和市场营销四个分流方向；上海财经大学商学院招生专业为工商管理类、统计学、国际经济与贸易，其中，工商管理类下设商务分析、人力资源管理、战略与创新创业、市场营销四个分流方向；中央财经大学管理科学与工程类专业下设管理科学、工程管理、大数据管理与应用三个分流方向。

四川大学商学院管理科学与工程类专业下设工业工程、管理科学两个分流专业，工商管理类下设财务管理、人力资源管理、市场营销、会计学（ACCA方向）四个分流专业。本篇将详细介绍这几个专业。

一、工商管理类专业

1. 专业名称：市场营销

培养目标： 本专业秉承"新商科"理念，将家国情怀和社会担当融入个人价值体系，以营销理论体系为核心，以深入行业应用为导向，致力于培养具有深厚人文底蕴、宽广国际视野、系统化思考能力，具备专业素养和职业品性，并能在复杂环境中引领组织实现可持续发展的创新型卓越营销人才。

培养要求： 本专业学生需要学习市场营销及工商管理方面的基本理论，并接受营销方法与技巧方面的全面训练。要求学生通过系统学习能掌握市场营销学的基本理念、底层逻辑、完整知识、研究方法及实践操作能力，了解国内外市场营销的基本现状和发展趋势，熟练掌握市场研究技术和营销应用工具，具备正确分析和解决现实营销问题的综合能力。

核心课程： 市场营销、营销战略、品牌管理、市场调查、消费者行为分析、计量经济学、销售管理、渠道管理、顾客关系管理、营销策划、营销工程与应用、营销研究方法与运用、商务谈判、国际市场营销、城市营销、整合营销传播、商业数据挖掘、电子商务物流管理等。

就业方向： 市场营销专业的毕业生可以在企事业单位从事商务谈判和推销、营销计划、营销战略设计、品牌管理、广告规划、公关策划、市场研究、新产品开发、产品定价、渠道管理、网络营销、电子商务、销售团队管理等工作。还可在此基础上，通过营销经验的积累，从事企业全局性的领导工作。

升学方向： 企业管理、工商管理、技术经济及管理等。

2. 专业名称：人力资源管理

培养目标： 本专业根据人才强国战略，围绕"人"这个推动企业乃至人类社会发展的核心因素，培养具备人文精神、科学素养、宽广国际化视野、创新能力、竞争意识、团队精神和沟通能力，具有先进的专业知识、扎实的专业技能，熟悉国家法律法规，适应社会主义新时代发展需要，并能综合运用管理、经济和心理学等理论在国内外企业、咨询机构、政府机关、事业单位中从事人力资源管

理实务工作的应用型、复合型专门人才。

培养要求：培养具备扎实的专业基本理论知识及相关职业技能，具有国际化视野和创新精神的专业人才。

核心课程：人力资源管理、组织行为学、劳动经济学、人力资源战略与规划、人才测评、职务分析、职业生涯管理、人力资源培训与开发、绩效与薪酬管理、劳动关系管理、人力资本管理、人力资源管理前沿等。

就业方向：毕业生不仅能胜任企事业单位的人力资源管理岗位，还具有成长为高级职业经理人、企业家，或继续深造成为学术领军人物的巨大潜力。具体就业岗位涉及招聘专员、人力资源开发、员工考核、员工培训、薪酬管理、劳动关系管理。

升学方向：人力资源管理、企业管理、技术经济管理、审计、会计、公共管理、心理学等。

3. 专业名称：财务管理

培养目标：本专业依据推动经济高质量发展的国家战略和数智时代优化资本配置效率的社会需求，培养专业基础扎实、人文素养深厚、国际视野宽广、综合素质优良、创新意识强烈，具备金融、财务会计、管理、经济、法律等方面的基础理论知识、财务管理专业知识和专业技能，能够在各类企业、事业单位和政府部门从事企业投融资的运营与管理、机构投资和政策制定等工作的应用型、复合型财务管理人才。

培养要求：本专业培养方案体现金融学、会计学、管理学与计算机学科的交叉性，以及基础理论、研究方法和实践能力的融合性。要求学生熟悉金融学、会计学和管理学的基础理论和知识，掌握数据科学和财务分析的基本技能，并具有定量分析、系统决策、管理沟通和组织实施的能力。

核心课程：财务管理（全英文）、货币金融学（全英文）、投资学、财务会计、金融衍生工具、财务报表分析、高级财务管理、应用计量经济学、Python语言与应用、财务大数据分析、财务管理文献选读与论文写作等。

就业方向：本专业一半以上本科毕业生选择在国内外一流高校继续深造，其余毕业生在各金融机构、国内外知名企业、会计师事务所、咨询公司、政府部门或事业单位从事金融与财务管理、投融资分析与决策、成本会计、管理会计、管理咨询等相关工作。

升学方向：公司金融、财务管理、金融学、会计学、金融、会计、审计、资产评估、经济学、企业管理等。

4. 会计学（ACCA方向）

培养目标：培养具有深厚人文底蕴、宽广国际视野、强烈创新意识，具备会计、管理、经济、法律等方面扎实的理论基础与专业技能，能在各类企业、事业单位和政府部门，特别是会计师事务所或证券金融行业从事会计业务及管理工作的复合型高级会计人才。

培养要求：本专业学生主要学习会计、审计和工商管理方面的基本理论和基本知识，接受会计方法与技巧方面的基本训练，具有分析和解决会计问题的基本能力。

核心课程：会计学原理、商业与技术、财务会计、管理会计、财务管理、业绩管理、财务报告、审计与认证业务、公司法与商法、战略商务报告、战略商务领袖、高级财务管理、高级业绩管理等。

就业方向：毕业生主要就业于各大银行、会计师事务所或证券金融等单位，从事审计、投资顾问、财务咨询、风险咨询和破产执行工作，其中很多毕业生几年后担任企业财务经理、总监、区域经理、CFO等重要工作岗位。

升学方向：会计学、审计、企业管理、工商管理、税务等。

二 管理科学与工程类专业

1. 专业名称：管理科学

培养目标：培养具有浓厚家国情怀、深厚人文底蕴、宽广国际视野、强烈创新意识，掌握扎实的商务数据分析基本理论与知识、数据分析方法与计算机技术，能在IT、金融、证券、零售和物流、咨询策划等行业及行政事业单位从事商业分析、数据分析等工作的复合型专业人才，或深造学习成为研究型数据科学人才。

培养要求：本专业要求学生掌握高等数学、统计学、运筹学、经济学、管理学、计算机科学、数据科学、人工智能等商业分析基本理论和基本知识，具有定量分

析、决策、管理沟通和组织实施的能力以及计算机应用的能力。

核心课程：管理学原理、微观经济学基础、高级微观经济学、数学规划、图与网络、随机运筹学、博弈论、多元统计基础、经济计量学基础（SAS）、时间序列分析导论、运营管理、供应链管理、Python程序设计、数据结构与算法、机器学习等。

就业方向：毕业生主要就业于各类工商企业的商业决策分析部门，从事战略研究、市场分析、管理运作、决策优化、信息管理和数据分析等管理工作；也可就业于政府和行业管理机构的产业分析和政策管理部门，或进入高校和研究机构从事教育和科研等工作。

升学方向：商业分析、管理科学与工程、工业工程、供应链管理、运营管理等。

2. 专业名称：工业工程

培养目标：培养拥有家国情怀和社会责任感，具有国际视野、人文底蕴、创新意识与多学科素养，融通工程技术与管理理论的复合型卓越人才，致力于现代工业与服务系统的提质增效，促进国民经济与社会的高质量发展与进步。

培养要求：为实现本专业人才培养目标，学生应具备如下专业素质。

①具备扎实的数理基础理论、良好的计算机能力，掌握博深的工程技术、经济管理、人文社会科学等多学科基础知识，掌握工业工程专业的基本理论和方法。

②掌握文献检索、资料查询的基本方法，具有自主获取及运用所学理论和方法对工业工程领域相关问题进行识别、描述和分析，并采用科学的方法得出有效结论的能力。

③具备针对现实世界中的复杂工程和管理问题，综合运用数学、物理学、计算机、人工智能、社会科学等学科的知识和技能，进行系统设计、改善、实施、分析与评价的能力。

④了解现代工业工程的理论前沿、应用前景和发展动态，了解社会福利、医疗健康、环境保护、可持续发展等专业关注方向的方针、政策与法律法规，理解专业人才应承担的经济、环境、安全和公平等社会责任。

⑤具备良好的国际视野、创新思维、协作意识与领导能力，具有在跨文化背景的团队中进行高效沟通、协调合作和领导团队运作的能力。

⑥具备自主学习和终身学习的意识，具有不断学习和适应社会发展的能力。

核心课程：Python 程序设计、运筹学 -2、应用统计学、机械制造基础、基础工业工程、系统工程、设施规划与物流分析、工程经济学、系统仿真、运筹学 -3、人工智能算法、人因工程、生产计划与控制、质量管理、物流与供应链管理、服务运作管理等。

就业方向：可在工业企业、医疗服务、银行、咨询服务或政府部门中从事系统分析与设计、运营管理与优化、公共服务与管理等相关工作；在工业与物流企业担任工业工程师、质量工程师、管理咨询师等；在信息技术、互联网、金融业等现代服务业担任产品经理、算法工程师、数据分析师等。

升学方向：工业工程、管理科学与工程、数据科学、金融工程、系统科学、物流与供应链管理、交通与运输工程等。

学习深造篇

学习深造篇

一、日常学习

1. 如何了解辅修的相关信息

一般来说，关于辅修课程的安排，各高校每年会在学校教务处官网上公布，同学们只需要密切关注教务处官方网站上关于辅修课程的通知，了解清楚辅修政策及注意事项。

1）什么时候开始申请修读辅修专业

一般来说，大二上学期末可申请修读辅修专业，大二下学期正式开始辅修专业的学习。

2）有无辅修专业申请官方交流渠道

成功申请后，有辅修专业的学院会建立QQ群，以便辅修同一专业的同学联系；要注意，除此之外，没有其他官方的交流渠道。

3）可以申请修读哪些辅修专业

以四川大学为例，辅修专业招生信息每年可能会有变化，需及时关注四川大学教务处官方网站上发布的最新通知。根据往年的辅修专业情况，可总结出表1所示的四川大学各学院部分辅修专业情况。

表 1 四川大学各学院辅修专业

学院	专业
经济学院	金融学
	金融工程
	经济学
法学院	法学
	法学（知识产权方向）
文学与新闻学院	汉语言文学
外国语学院	英语
历史文化学院（旅游学院、考古文博学院）	历史学
	考古学
哲学系	哲学
生命科学学院	生物科学
软件学院	软件工程
商学院	财务管理[①]

注：①学生申请修读辅修专业所属学科门类必须与其主修专业所属学科门类不同。

4）辅修专业的考试一般如何安排

周末开班的辅修专业，其期末考试一般安排在下一学期的期初（前三周左右）；跟班修读的辅修专业，期末考试一般在学期末与主修专业的考试一同进行。

2. 如何平衡主修专业和辅修专业的学习

首先，需要明确自己选择辅修专业的目的是什么。如果是对主修专业不满意或是错过了转专业的机会，想通过辅修方式补充学习自己感兴趣的专业并作为未来就业或深造的方向，那就需要在学有余力的前提下，在保证完成主修专业培养要求的同时，投入较多的时间和精力到辅修专业，甚至需要自学辅修专业的课外知识，争取一些实践机会。如果只是想拓展知识面，接触新的专业，那就不必给自己太大压力。正常上课，完成作业，结识辅修专业班级中来自其他学院和专业的同学，只要学到新的知识，就是有收获的。

其次，对于周末开班的辅修专业，课程一般会安排在周末（有时也会安排在周五晚上），和主修专业的课程安排一般不会有冲突。同学们可以将主修专业的课程安排在周一至周五，将辅修专业的课程安排在周末。周末开班的辅修专业，期末考试一般安排在下一学期的期初（前三周左右），因此同学们可以利用暑假或寒假时间复习辅修专业的考试科目。对于跟班修读的辅修专业，期末考试一般在学期末与主修专业的考试一同进行，期末复习的压力会更大一些。无论是在选课、作业上，还是在考试复习上，都需要做好时间管理，根据个人实际情况，提前制订计划，合理安排，避免与主修专业课程的学习冲突。

最后，无论是选择周末开班还是跟班修读，学习任务都会加重，同学们也会因此牺牲掉一些周末或节假日的休息时间。但是，一分耕耘一分收获，如果同学们决定选择辅修，就一定要坚持到底，相信付出都是有回报的。

3. 辅修是否拥有单独发放的学位证书

四川大学本科生辅修专业是指学有余力的全日制本科在校生在保证完成主修专业培养要求的同时，跨学科门类辅修另一专业。获得主修学士学位，并完成辅修专业教学计划规定的全部内容，达到辅修学士学位授予条件者，经学校学位评定委员会审核同意后，可获得相应的辅修学士学位。辅修学士学位在主修学士学位证书中予以注明，不单独发放学位证书。

4. 如何更高效地做好小组作业

小组作业需要一个团队共同完成，因此选择熟悉且靠谱的队友组队至关重要。如果团队中成员之间目标不同、能力不同，就容易导致在合作过程中产生不愉快和冲突。因此，选择和你的目标一致、配合默契的伙伴尤为重要。

在团队分工中，小组 Leader 的作用也非常重要，有团队领导力和协作力的小组 Leader 往往善于沟通、组织和协调，能将整个团队拧成一股绳，去完成既定的目标。在团队任务分解阶段，小组 Leader 应有一定的思路和想法，提出一些备选方案，或者进行题目的拆解，这样能够引起大家的讨论，从而围绕已提出的思路和想法表达自己的观点或提出新的想法。如果小组 Leader 没能发起讨论，整个小组合作可能从开始就会陷入僵局。

在进行分工后，小组 Leader 对于任务的安排一定要细致且周全，不能仅仅以"查资料""做 PPT"来概括，而是要对需要完成的任务提出具体的要求，如"查询近十年会计政策变更的资料并按照时间线进行整理""PPT 需要使用四川大学毕业论文答辩模板，每一页标题使用微软雅黑××号字，做完后××同学进行汇总"等。此外，任务的时间把握、分解任务的衔接和整体风格的统一也是小组 Leader 需要完成的部分。

尤其需要注意的是，在任务分工时一定要制订好最后时限（Deadline），为成员预留一定的缓冲时间。例如，如果需要在周五进行汇报，那么 Deadline 尽量定在周三之前，这样在某个环节出现问题或者某个成员未能按期完成任务时，还有更改的余地。

5. 如何高效学习微积分、线性代数等课程

1）上课重点听什么——理解定理

跟随老师的思路，了解定理的推理过程，加强对定理的理解，特别注意定理的适用条件、某些相似定理之间的区别。如果上课没有听懂，同学们可以找网课进行补充学习。

2）做哪些题？怎么做题？

做哪些题呢？建议同学们从以下三个方面着手进行练习和复习。

一是课上的例题要过手。同学们应该亲自动手解题，通过书写和计算来加深

理解，还要追溯到使用了哪一条定理，进一步巩固基础知识点。

二是课后的习题要总结。通过总结和梳理课本上的课后练习题，同学们可以提炼通用的方法和技巧，如归纳求极限的多种解法，总结常常出现的关键词和句式可以推理出的相应结论。

三是自买材料强化巩固。建议同学们购买一本全书讲义教材（含题型总结＋配套练习），针对薄弱的地方做基础题，已熟悉的地方做强化题。

怎么做题呢？可以采用以下两种方法。

方法一：掌握定理→课上例题要过手→课后习题提炼方法论→自买资料填补薄弱点＋强化巩固；方法二：在做题目时，对题目进行区分标记，如分为典型题目（代表一类做题方法的题目）、复杂题目、错题（经过他人提示后能做，但做错了，计算类错误或方法类错误），便于期末复习。

3）期末考试复习

（1）关于真题。 同学们可以收集近五年的真题。首先，浏览一下题型，先不着急动笔，了解考什么内容，初步拟定复习内容；然后，选择最早的一套真题，大致测试自己对平时学习内容的掌握程度，计划所要付出的复习时间，并与其他考试科目的复习时间进行协调；最后，剩余的真题可以在第一轮复习结束，形成系统知识体系后再做。

（2）关于教材。 同学们一定要回归教材，至少要看两遍教材。第一遍仔细分析并熟练掌握基础理论，完成书上的例题，同时标记典型题目和无思路的题目；第二遍时间安排在考试前一天，复习基础理论和已标记题目。每复习一章，都要关注平时学习总结的方法论以及标记好的典型题目、复杂题目和错题（注意错误原因）。如果平时学习基础薄弱，看不懂教材，就需要通过学习网课提前预习。

6. 如何科学地安排平时的学习与复习

同学们可以利用"网课＋课堂"的形式进行学习，即先在课下听网课预习，课堂上再结合老师讲授的内容巩固学习。一方面，听网课的过程中有些不理解的知识可以在课堂上加深理解；另一方面，通过课堂学习记忆背诵重点知识，就不用再占用课余时间单独记忆。

关于课堂学习，一般来讲，平时上课前，大多数老师都会把课件发在课程

QQ 群，同学们可以在课前快速浏览一遍，大概了解课堂内容。如果老师没有发课件，同学们上课注意听讲，记下关键词即可。上课内容如果是网课中讲到的，同学们可以按照上述方法，认真听老师的讲述，结合老师讲授的内容巩固学习，然后通过课堂学习记忆背诵重点知识。对于一些网课的难点重点，同学们也可以再次通过课堂学习，加深理解。

大一课程大多数为管理学原理、会计学原理等管理学基础课程，同学们就更应该利用好课堂时间，配合网课等学习资源，反复复习课本，熟练掌握老师讲授的重点知识。

如果把复习任务都安排在期末，时间会非常紧张，所以同学们最好在平时就注意进行总结和梳理，做好笔记，同时搭配历年真题进行练习。

7. 面对期末多科目复习，如何提高效率，分清主次

制订计划并确定优先级： 在开始复习之前，制订一个计划并设置优先级，确定要完成的任务和截止日期。将复习任务进行分解，并为每个小任务设置截止日期，这样可以更轻松地完成目标。同学们需要优先考虑那些截止日期更早或更重要的科目。

制作笔记： 制作笔记是加深记忆和理解的好方法。可以通过记录关键概念、公式、例子等信息来加深理解，并在需要时及时回顾。

坚持锻炼和休息： 长时间的学习可能会让人感到疲倦，效率低下，但锻炼和休息有助于同学们恢复体力并集中精力。尝试每隔一段时间休息一下，并在休息时进行一些简单的运动，可以提高大脑的活力和注意力。

使用多种学习资源： 使用多种学习资源可以帮助同学们更好地理解和掌握知识。除了课本和讲义，还可以查看视频、做练习题等。

突出重点： 每个科目的难度和内容都不同。同学们在复习时，应该重点关注那些不熟悉的知识点，并花更多的时间去理解和掌握。同时，也不要忽视那些易于掌握的知识点，这些知识点可以帮助同学们加深对整个科目的理解。

寻求同学和老师的帮助： 在复习过程中，同学和老师都是宝贵的资源。和同学一起复习可以相互帮助，交流心得和经验。老师也可以解答同学们在复习过程中的疑问和问题，帮助大家更好地理解和掌握知识。

8. 如何提升英语能力及高效备考英语考试和竞赛

关于英语口语、听力、阅读、写作能力如何提升，常用英语学习的App有哪些，以及如何高效备考英语类的考试和竞赛，如四六级考试、大学生英语竞赛等问题，都是同学们较为关注的。以下将从应试提高英语分数和平时锻炼英语能力两个角度进行解答。

大多数同学可能还处在应试这一阶段。同学们想要在英语四六级考试中拿到高分，可以通过"背单词＋做题＋总结"这三方面展开学习。日常可以利用各种背单词的软件，将单词先过3～4遍，再对四六级历年真题进行练习。同时要善于总结，尤其是翻译和写作。而大学生英语竞赛与四六级备考方法不同的是，同学们不仅要"刷题＋总结"，还要更加灵活地处理题目，尤其训练自己迅速做题的能力，提高阅读速度。对于大学生英语竞赛最后一部分的智力题，可以视情况选择攻克还是放弃，但是要认真准备前面的阅读题，尽力拿下。

英语学习，最重要的是要有趣，这样才能坚持下来。同学们可以利用英语学习App进行英语听力的练习，在练习的过程中可以适当用笔边听边记录关键词，反复听没听懂的部分。这不仅可以锻炼听力，还可以帮助你学会一些地道的口语表达。最重要的是，这不仅可以给同学们提供有趣的外语思维方式，还可以为写作提供新的思路和观点。如果时间紧张，同学们可以在休息时或者睡前听听英语。同学们还可以关注几个比较生活化的英语频道，里面会讲如何坚持锻炼、如何制订计划等贴近生活的主题，内容丰富，通俗易懂，对口语表达和听力都很有帮助。

利用雅思阅读或者托福阅读题进行定时练习可以有效地提升阅读能力。要注意的是，定时是很重要的，还要对错题进行总结，从中寻找规律。同时，同学们可以利用阅读英语报或外文刊物进行精读和词汇积累。

口语是大多数同学的软肋。同学们可以利用雅思口语或者托福口语的题目练习（这取决于同学们打算考哪门考试），分话题进行总结，对固定话题积累固定的表达，每当遇到类似的话题脑海中要迅速形成观点并能在规定时间内表达出来，减少语法错误。如果时间充裕，可以利用听力材料进行跟读，纠正自己的发音和停顿。如果单纯为了应试，寻找一些可以人工批改口语的网络平台，毕竟有反馈才能提高得更快。

9. 如何调节学习倦怠心理和缓解学习压力

1）制订合理计划，不打疲劳战

制订合理的计划和目标。制订一个清晰的、可实现的计划和目标可以更好地掌控学习和生活时间。可以将每天的任务划分为几个阶段，并给自己一定的时间来完成每个任务。疲劳战会使人烦躁不安、信心减弱。安排好作息时间，有计划有步骤地学习，既重视学习时间又重视学习效率，找到心理节奏感，有利于增强信心。

2）记录学习进度，不和别人攀比

不积跬步，无以至千里；不积小流，无以成江海。对学习不要抱有急躁的心态。相反，每天不管效率如何，只要不断学习，或多或少总有收获。同学们应该积极记录每天所取得的小收获，并以此累积足够的成就感，来保持继续奋斗的动力和自信心。这样也可以为我们的学习生活源源不断地提供巨大的精神动力。

3）坚持锻炼身体，学习放松技巧

锻炼身体是减轻压力的一种重要方式。每天至少进行 30 分钟的身体运动，如慢跑、游泳或瑜伽等，有助于缓解压力、保持精力充沛。保持健康的饮食、充足的睡眠和充足的水分摄入等生活习惯可以提高身体免疫力，缓解压力。如果感到压力很大，不如干脆暂时停下来。可以听听舒缓的纯音乐，闭上眼睛深呼吸，想想快乐有趣的事情；可以出去散散心，和朋友去逛逛街；可以和同学们出去打一场球，等心情舒畅了再回来学习。学会正确宣泄自己的情绪，不要让情绪积压，最终成为情绪失控的导火索。

4）关注身心健康，寻找支持帮助

向朋友、家人或学校的老师等寻求支持和帮助可以减轻压力、理清头绪，从而更好地应对压力。最重要的是，要时刻关注自己的身心健康。如果感到压力太大、无法应对时，请不要犹豫，应及时向专业人士寻求帮助。

二 推免保研

1. 推荐免试研究生有哪些途径

推免保研，全称是"推荐优秀应届本科毕业生免试攻读硕士学位研究生"。如果同学们既拿到了本校的推免资格，又获得了所申请学校的夏令营或者预推免的 offer，就可以获得推免保研资格。推免分为普通保研、支教保研等，大部分为普通保研。

高校推荐免试研究生，从近几年的推免政策来看，分为推荐免试研究生夏令营、预推免、九月推免几种途径。

推荐免试研究生夏令营（简称"夏令营"）一般在每年 4—6 月开始申请，7—8 月举办，时长 2～7 天，普遍入营门槛较高，难度较大。同学们应尽可能地通过夏令营争取到保底 offer，给自己打一针强心剂，这样在 9 月预推免的时候便可全身心冲刺心仪但是略有难度的学校。同学们可以通过公众号或者各高校官网等搜集夏令营相关信息。

预推免紧接着夏令营，一般在每年 8—9 月申请，9 月份举办，时间相对于夏令营来说更紧促，考核内容一般仅包括面试和笔试两种。预推免集中在预推免系统开放前的 9 月，会存在各高校预推免考核时间冲突的情况，而且从发布通知到考核中间的时间非常短，预留给同学们准备的时间非常有限。因此，同学们需要合理选择学校与安排时间，尽早做好充分的准备。

九月推免，简称"九推"，指的是推免服务系统开放（9 月 28 日）至关闭的这段时间。一般情况下，举行了夏令营和预推免的高校在九推时可能会进行名额补录，因为在推免服务系统进行正式填报的时候，手中握有多个高校 offer 的同学只能选择一所院校，这样就会导致部分名额空出来，也就是所谓的九推"捡漏"。但空出来的名额往往竞争激烈，同学们需要好好把握机会。

以四川大学商学院为例，每年都会举行推免保研优秀学长学姐经验分享沙龙。通过这种途径同学们既可以获取推免保研的宝贵经验，也能更清晰地认识到自己有待提升的地方，所以建议大家参加 1～2 次经验分享会。

2. 如何选择合适的夏令营和预推免项目

选择夏令营和预推免项目，有以下几个步骤。

第一步：选定大方向，即确定愿意接受的专业（专业导向型）或学校（学校导向型）。思路可以是：①拟定自己可以接受的专业方向，可以不止一个；②拟定自己可以接受的学校，可以不止一个；③如果对上述两种思路都没有灵感，可以思考自己可以接受的职业方向，当然职业方向也可以不止一个，然后根据职业方向拟定专业和学校。

第二步：选择具体项目。夏令营和预推免的项目都是基于"学校+专业"层面，然后又可细分为A专业直博项目、A专业硕博项目、A专业学术型研究生项目、专业的专业型研究生项目等。

值得注意的是，大多数学校只接受某个学生在一个学校选一个项目，也有一些学校允许学生跨学院各选一个项目，但需注意面试时间是否会冲突，还有一些学校会给出第二、第三志愿。"一个学校可以报几个项目"这一说法（一般在各高校《招生简章》中看），要视具体学校和自身情况而定。其思路大体是从客观排名、主观偏好和录取率几个方面综合进行选择。

①对早就确定专业而没有确定学校的同学来说，可以通过以下几种方式选择学校。可以搜索"A专业高校近几年实力排名""第×轮专业评估"等榜单进行学校选择，也可以根据A专业推荐学校、A专业就业率最好的学校、A专业好评导师所在的学校，还可以基于自己的意向导师所在的学校等进行选择。

②确定好学校但尚未确定专业的同学，可以查看各意向学校和学院的研究生招生官网上的招生简章、研究生院官网，在学校中的学院官网主页的招生专栏找到上一年的招生简章，研究一下招生专业里是否有自己意向的专业。

③考虑录取率的选择，看自己能否接受这个程度的竞争。录取率是可能有变化的，历史数据有一定的参考价值但也不是绝对的。面试录取率（又叫优营率）等数据可以在网络上搜索获得，也可以通过联系学长学姐，或从所申请学校或学院的同学处获得。

④考虑考核形式的选择。我们不建议大家在选项目时就考虑这一点，因为这可能会放大自己的畏难情绪，但如果真的极不擅长某一类考核形式，也可以提前避开。考核形式可以通过网络搜索，询问有过往经历的学长学姐、所申请学校或学院的同学，研究生招生信息网招生栏目公示等渠道查看。注意：大多数学校只

接受一个学生申报该校的一个项目，部分学校允许学生跨学院各申报一个项目，但注意面试时间可能冲突。因此，在报名时一定要认真查看申请学校的招生简章。

第三步：查看所选项目的报名要求。尚未达到的条件要尽可能达到，如果在有限时间内实在达不到，就只能放弃该项目了。报名要求可以在网络上搜索"×学校20××年Ａ专业夏令营／预推免报名"查看，最好是查看所选项目的学校研究生招生信息网、研究生院官网、项目所属学院官网的研究生招生专栏等官方公布的信息。

第四步：确定项目优先级。可以全部统一排序，也可以进行等级排序，一个等级放多个项目，并在等级内进一步排序。确定项目优先级的好处是，如果不同项目的时间冲突了，可以根据优先级进行选择或放弃；同时，在排序时，要综合考虑未来的职业发展、本项目录取率和考核形式，这样我们就能更加明确适合自己的项目。

完成以上四个步骤，我们的可选项目也就初步明晰了。

总的来说，选择的标准就是："学校+专业"的项目是满意的，项目对未来发展是有意义的，项目的报名要求是满足的，项目的竞争压力是可承受的，项目的考核方式和通过率是可接受的，时间是不冲突的。

3. 如何更好地寻求往届保研学长学姐的帮助

与往届保研学长学姐取得联系的方式有很多种，这里向大家介绍一下主要途径，如通过向认识的学长学姐、辅导员和专业老师询问，或通过参加主题分享会、社团活动、党员服务站等获得。总之，获得联系方式的途径非常多，最主要是自己要用心与学长学姐、老师交流沟通。

第一，保持寻求帮助的心态。大部分学长学姐都是愿意帮忙的，因为他们大多也是寻求过学长学姐的帮助；但是学长学姐并不是有义务帮助我们，所以联系学长学姐时要注意礼貌，这样才能询问到更多有效信息。

第二，开门见山说完基本信息。如"我是××专业的×××，通过什么渠道联系到学长学姐，不知道学长学姐有没有空，想咨询一下×××方面的×××××（写具体）问题，感谢学长学姐"！

第三，询问需要注意方式方法。咨询前可以简单介绍一下自己目前的情况，

方便学长学姐为你具体分析；但涉及学长学姐的成绩和排名等个人信息，在询问时要注意分寸。

第四，询问完后要记得对学长学姐表示感谢。

4. 如何做好前期信息搜集，及时了解夏令营报考信息及考查内容

可以在大四学长学姐推免保研结束后，向他们打探申请、参加夏令营的时间，以及面试和笔试的经验等。这相当于是提前搜集到了一手资料，为自己夏令营申请做了一次排练。

如果觉得自己信息搜集能力较弱，在经济实力允许的情况下，也可以考虑咨询保研机构，这些机构会定期更新夏令营的相关信息，还会提供相关学校和专业的最新资讯。

大部分同学一般是自己进行前期准备。可以提前关注一些推免保研的公众号，也可以搜集目标学校往年的夏令营通知，整理成表，及时更新，方便自己查看。

5. 如何分阶段推进保研的各项准备？

大一：这个阶段最重要的是成绩，同学们千万不要挂科，尽量让每科都保持较高的分数，尤其是专业课和数学。同时，好好准备英语四六级考试，提前了解和参加一些竞赛项目，积累经验。

大二 + 大三上：除了继续重视专业课和数学科目的学习成绩，还可以努力参加一些科研和竞赛项目，积累相关成果。同时，注意英语水平的提升，还可以一直刷新四六级考试的分数。

大三下：

（1）3月：推免保研资料的准备。

需要准备的推免保研资料主要包括：前五个学期的成绩与排名证明、获奖证明、简历及个人陈述、导师推荐信、相关论文、外语成绩证明、学生证及身份证扫描件。

（2）4月：院校信息的搜集。

可以在一些保研公众号上了解相关信息，或者在意向学校的官网、学院网站上查看。将这些相关信息整理成表格，方便检索。

（3）5月：专业知识的复习梳理。

复习内容：专业知识、英语听说和综合素质。

专业知识复习：熟知专业课的框架和具体知识，对照之前的学科笔记，对所学的课程进行回顾和总结。

英语听说练习：每天记英语单词，锻炼自己的英语口语对话与表达能力。

综合素质提升：这方面主要考查对时事热点的看法与认知，可以多关注社会新闻与专业相关的新闻。

（4）5月中下旬至8月：夏令营的申请和参加。

如果是线下夏令营，常规流程是第一天到校报到、参观，与相关老师交流，第二天进行笔试和面试（群面／单面）。如果是线上夏令营，一般是"讲座＋面试"的形式，可能会要求提交参营论文。

通过夏令营获得推免资格的难度相对较大，如果没有入营或者没有拿到意向学校的offer也不要灰心，预推免和九月推免还有机会。

（5）9月初：预推免申请、面试。

预推免相较夏令营来说就比较"短平快"，一般是申请后等公布面试名单参加笔试和面试即可。线上面试需准备双机位，同时确保在一个干净整洁、光线较好且无人的环境内进行。预推免各校的时间安排比较密集，需要提前做好准备。

（6）9月下旬：九月推免申请、面试。

九月推免（以下简称"九推"）是在推免服务系统开放之后，针对一些没有招满的项目进行的面试考核。所以很多学校的热门项目可能没有九推这个环节，虽然参加九推可能会得到意想不到的offer，但也意味着风险更大。

九推更适合之前没有拿到offer的同学。但是在九推系统的24小时内总共只能报名三所院校，所以有很大风险，这个时候主要是抓紧时间进行信息搜集，打电话联系各个学校的招生老师询问是否还有名额，并及时关注学校官网的通知。联系好学校并在系统中填报后，一般会进行一个更简短的面试，被录取后在系统中接收确认即可。

6. 保研面试的内容一般有哪些

商科的保研面试一般会围绕专业相关知识、科研、实习（职业规划）、自身经历及英语等几个方面进行提问。专硕的面试更倾向询问实习经历及职业规划，

学硕的面试重点则更多放在科研经历上。

专业相关知识考查的范围非常广泛，考查的重点以面试的专业及本科专业学习的专业课为主。会计专业重点考查审计、财务管理、会计和管理会计四门。金融专业的重点考查宏微观经济学、投资学、公司金融、货币银行学等。有些学校的老师还会问一些微积分、概率统计等问题。考查同学的科研经历主要从过往完成或者发表的文章入手，问题可能涉及选题的意义、文章的理论、稳健性检验、数据获取和处理等多个方面。

实习经历一般会和职业规划一起进行提问，提问方向主要是针对实习经历中你对你所从事的工作及你对这份职业的理解，以及对未来的职业规划路径及需要进行的努力。

每个学校对英语问题的考查点不同，有些学校重视英语，要求考生全程用英文问答，有些学校则只会涉及一两个英语问题。同学们需要根据不同学校的要求进行准备。

7. 学术硕士和专业硕士有什么区别

对于推免保研的同学来说，既可以选择学术硕士（以下简称"学硕"），也可以选择专业硕士（简称"专硕"），主要根据自身条件、职业规划进行选择。学硕和专硕的主要区别有以下几点。

1）培养目标：学硕偏学术研究，专硕偏实际应用

学硕培养学术型研究人才，读研期间，注重理论和研究，实践的机会较少，对学术成果有一定的要求，比较适合喜欢学习理论、能静心研究的同学。专硕则偏向于培养在某一专业具有较强的解决实际问题的能力的应用型人才。

2）培养方式：学硕强调理论学习，专硕注重实践能力

学硕的课程设置侧重于加强基础理论的学习，重点培养学生从事科学研究创新工作的能力和素质。专硕的课程设置以实际应用为导向，以职业需求为目标，教学内容强调理论性与应用性课程的有机结合，在具体的学习过程中，一般均要求有为期数月的实践环节。

**3）学费和学制：学硕学习年限长，专硕学习年限短；学硕学费便宜，专硕

学费相对更贵

学硕的学费收费标准一般为 8000 元／学年，不同专业有所不同，学制一般是三年。专硕的学费从几万到几十万不等，学制一般是两年。

4）**读博方式：学硕、专硕均可以申请读博，但后者相对更难**

学硕满足条件可以选择直博或者硕博连读。专硕一般不能选择直博或硕博连读，具体情况请咨询招生单位。

5）**毕业难度：学硕毕业论文通常要求更高，专硕通常要求毕业实习**

学硕毕业论文的标准通常要高于专硕毕业论文的标准，因此学硕的毕业压力会更大。专硕通常要求学生实习满一定时长才允许毕业，也就是所谓的毕业实习，毕业实习相比毕业论文显然是更容易的。

8. 保研必须有学术论文吗？如何确定论文方向和选择指导老师

不一定非要有学术论文才能保研，但有学术论文能够增加推免成功的机会。具体来说，学硕和专硕对于论文有不同程度的要求。前者需要有学术的产出，虽不一定要发表，但至少要有一定的研究成果证明自身和科研的适配度，即证明自己是有意愿且有能力在研究生阶段走学术道路的。而后者对于论文的要求则大大降低，许多经管类专硕并不要求学生提交论文，但也有个别专业要求在夏令营申请时必须提交论文并且以论文答辩作为考核形式。关于论文方向，经管类专业之间并没有特别大的壁垒，假设是会计专业的学生，可结合自身的兴趣选择公司治理／公司金融之类的方向，并选择同一领域或研究方向的指导老师。

9. 如何快速提高英语口语面试能力

简单来说，多听多练，提前做好准备。夏令营的面试集中在 6—7 月份，同学们可以有规划地提前进行准备，在平时就有意识地进行训练，增强语感，并进行针对性训练，包括积累专业词汇，准备高频问题，通过网络获取资源。在听力方面，可以通过雅思听力等材料进行训练，观看相关内容的英语视频，增加自身的输入，积累好的表达。在口语方面，可以根据自己的简历，对自己提问题并用英文回答，定时训练，同时录音，反复听并进行优化，培养自己的语感。此外，在专业课的学习上，可以尝试用英文对自己即兴提问，并在规定时间内练习表达

并录音，最后通过反复倾听录音，对自己的表达进行修改。每天安排半个小时到一个小时的口语训练时间，坚持下来将会极大地提升口语表达的能力。

10. 保研夏令营与预推免策略有何不同

必修课成绩排名靠前的同学，申请夏令营更有优势。夏令营需要提供本科前五个学期的必修课成绩排名，因此，必修课成绩排名靠前的同学可以紧紧抓住这个机会，多做尝试，大胆投递。

必修课成绩排名不太理想，但综合排名具有竞争力的同学，参加夏令营主要是积累面试经验。这些同学需要将更多的精力放在预推免阶段，将自己综合排名优势最大化。不能因为必修课排名没有优势就放弃夏令营的申请，毕竟如果夏令营拿到了保底 offer 就可以在预推免阶段极大地稳住自己的心态，使自己更有信心冲击名校，最终取得理想结果。

11. 保研的体测要求和志愿四川的时长要求具体是什么

体测要求：要获得保研资格，体测须达到当年度学校保研推免细则的要求。

志愿四川要求：三学年志愿服务时长累计超过 30 学时。此外，对于支教保研，建议达 100 小时志愿时长及以上。

具体情况视学校当年政策而定。

三 备战考研

1. 考研前期如何择校选专业？最迟什么时候确定

大三上学期开始了解目标院校或专业的相关考试内容、科目，可使用表格进行列表对比。信息来源包括各个学校官方网站、考研群、各类公众号、学长学姐分享等。

如果考研科目中含专业课，最好在大三年级寒假开始前确定学校，寒假一开始就能有针对性地学习考研专业课内容。最迟也应该在大三下学期确定报考院校，但是需要综合考虑自身学习情况、后续毕业论文以及秋招的时间安排，来确定自己的复习进度。

考研科目中不含专业课的（如管理类联考），可以先进行学习，在大三年级，暑假或者开始考研报名时按照多次模拟考试的成绩，对比历年分数线进行择校选专业。

2. 考研复习的时间如何规划

准备考研的同学首先需要了解自己的意向专业和目标院校的考试科目，这些都可以在研招网上搜集信息，初步完成考研择校、择专业的工作。

大三年级的寒假就要制订出各科目的复习计划，坚持每天背单词，在大三年级的6月之前最好就要打牢各科目的复习基础。

等到7月、8月份时，就可以开始强化复习各科目的知识点，注意这个阶段是许多学生容易懈怠和放弃的阶段，要充分利用好这个时间，找到利于自己学习的场所，形成良好的每日学习习惯。

9月底至10月初就应该回归真题，真题永远是最好的复习资源。同时可以去进行一些模考，查漏补缺。

进入11月之后，真题练习依旧不能放松，可以多总结错题。值得注意的是，备考进入这个阶段，大多数考生开始陷入焦虑、恐慌，这个时候需要稳定心态，多给自己正面的鼓励。

进入12月冲刺阶段之后，在做模考的同时，还是需要回归做真题，一定要把真题吃透。至于部分模拟题，不需要过分纠结。同时还需要保证充足的休息，为笔试打下良好的身体基础。

考研流程：9月底预报名；10月正式报名（9月预报名的同学可以不用再正式报名）；11月网上确认；12月打印准考证并参加考试；2月查询成绩；3月底开始复试。

3. 如何安排管理类联考的备考时间

管理类联考的考试科目包含管理类综合能力（简称"管综"）和英语二，管综涵盖逻辑、数学和写作。由于管综数学基本上考的是初高中阶段的知识点，所以考试难度相对较小，备考压力和复习强度相比报考学硕的数学科目要小得多。因此，网上很多经验贴的分享，包括很多高分上岸的同学中，对管综数学的复习都开始得比较晚，不乏有人6月开始或暑假开始，甚至有人报名考研了（9月底）才开始复习，并且还取得了不错的成绩。

但是，切记不要盲目跟风网上的经验帖或者高分同学的经验分享，一定要结合自身实际。虽然管理类联考难度较低，但近年来的出题风格愈加灵活，同学们的基础知识一定要非常扎实，况且报考管理类联考的人数之多，竞争异常激烈，同学们更不能掉以轻心。

比较稳扎稳打的备考安排应该是从大三下学期就开始，这时课程较少，可自主利用的时间充分。3—6月是打基础阶段，需要整整4个月时间。打基础阶段要尽可能地背完考纲词汇，后续再接着重复背，可以先做英语一的完形填空和阅读来练手，用以检验单词词汇的积累程度。另外，打基础阶段应该学完数学、逻辑和英语的基础课程，一定要整理形成自己的笔记。如果没有多余时间可以先不学管综作文，报班了的同学跟着辅导班的进度进行复习就好。

7—8月是强化阶段。数学和逻辑会有相应的强化课和技巧课，所以前期的基础一定要打扎实。关于英语，这时可以开始做英语二的真题，作文也可以开始积累素材，不过节奏可以放缓，将重点放在数学和逻辑的强化上。关于管综作文，建议暑假开始学习，并跟着老师或机构的公众号积累素材（作文真题可后续再统一练习）。

9—11月是真题阶段。建议在这一阶段每天至少学习8小时。各个科目的真题最好做3遍及以上，但是不要盲目追求刷题数量，一定要在认真刷题的基础上仔细复盘，查漏补缺，融会贯通。另外，在11月左右各大机构会出模拟题，建议多做几套高质量的模拟题。

在11—12月，除了继续复盘知识点和真题，还要偶尔刷模拟题，最好是严格按照考试时间模拟几次。最后的冲刺阶段需要熟背英语作文素材和管综作文素材，扫清知识盲点。

以上是备考时间的建议，什么样的同学适合这个时间安排呢？

①大三下学期没有其他安排的同学可以尽早开始。准备得越早，留给后期复习的时间弹性越大，并且在秋招时还可以留出精力争取拿个求职offer。

②基础差的同学要尽早开始。在打基础阶段补好自己的弱项，以防后期掉队。

③自制力差、时间规划差和心态不好的同学要尽早开始。在打基础阶段，首先养成良好的学习习惯。如果开始得晚，可能因为时间紧迫或不自律而完不成学习任务，因为没有做好规划而效率低下，因为心态不好而随时崩溃想放弃。

综上，各位同学应结合自身实际，安排备考时间，建议以 3 月开始为宜。

4. 考研准备过程中是否需要准备留学或者求职两手抓

这个需要结合自身情况而定。备考时间早的同学，如果也有留学意向，并且升学意愿强烈，可以同时准备留学事宜。考研与工作意愿对等的同学，或是"风险规避型"同学，建议适当为秋招做准备，有侧重地尝试求职。在备考时间安排上，最好是较早开始，这样后期更有时间精力为秋招做准备。

只专注考研也不是一件坏事，如果没有留学 offer 和工作 offer 也不用过分担心，先把心思全部放在考研上，摆正心态。万一考研失利，考研结束后也可以继续申请留学或找工作。特别是秋招没有拿到满意 offer 的同学，一定不要灰心，全身心投入备考中去，不要浪费后期宝贵的冲刺时间。

5. 如何获取目标院校的考研资料

1）目标院校的研究生学院官网 & 研招办

建议同学们首先去目标院校的研究生学院官网上搜集信息，大多数院校都会在研究生学院官网上发布考研相关的信息，包括招生简章、考试大纲、专业目录、参考书目等，部分招生单位还会公布专业课真题信息等，此渠道相较于其他渠道最为权威可靠。如果在研究生学院官网和研究生招生办公室未能获得相关考研资料，可以在目标院校的学院官网上搜索学院研究生招生办公室的联系方式，咨询真题的获取办法。例如，同学们可以在厦门大学研究生学院官网上找到初试科目的考试内容范围、老师联系方式等。

2）各种考研在线资源

有些网站提供考研资料的下载服务，例如"研友网""考研帮""中国考研网""中国教育在线"等，可以在这些网站上下载一些历年真题和考试指南。网络上还有很多非常有价值的免费资料，包括英语历年真题词汇手册、考研专家上课笔记等，同学们可以从网上下载这些资料。

3）考研交流群

可以通过搜索社交媒体平台或学术论坛上的考研交流群（搜索格式：报考院校＋专业＋考研／交流），加入这些群可以获得更多的考研信息和资源。

4）第三方交易平台

在淘宝等购物平台可以直接购买到考研辅导书籍、历年真题、考试技巧、备考方法等。

5）联系学长学姐

通过学院辅导员或者是其他方式，联系一些往年已经考上意向学校的直系学长学姐，向学长学姐寻求帮助以获得考研资料，如考研复习二手书、考研笔记等。但需要注意的是，一定要通过可靠方式获得他们的联系方式，以防被骗。

6. 会计学硕和会计专硕有什么区别

会计学硕和会计专硕先从培养目标、考试科目、调剂、学制、学费、学位论文、读博方式等角度去区分（见表2）。

表2 会计学硕和会计专硕的区别

		会计学硕	会计专硕
培养目标		倾向于学术研究，培养学术研究人才，强调研究和理论学习，一般为单导师培养	倾向于实际应用，培养某一具体领域的应用型专门人才，注重实践能力，一般为双导师培养
考试科目	初试科目	数学三、英语一、政治、专业课；其中，前三门为统考，而专业课由院校自行制定考试范围和大纲，进行命题；一般准备时间较专硕长	199管理类联考（数学、逻辑、写作）、英语二；两科目均由教育部统一命题，有统一的考试大纲和教材；一般准备时间较学硕短
	复试科目	不同学校规定不同，可登录官网查询，一般重点对专业课知识和理论进行考查	一般会涉及英语口语、时事政治、专业课，注重综合素质考查
调剂		学硕可以调剂到专硕，调剂范围广	专硕一般不可以调剂到学硕，调剂范围窄
学制		一般为3年，具体以目标院校为准	一般为2年，具体以目标院校为准
学费		一般8000元/学年·生，具体以目标院校为准	几万至几十万不等，具体以目标院校为准
学位论文		强调科学理论研究与学术创新	强调应用导向，形式多样
读博方式		可直博	一般不能直博，需参加统一考试

7. 考研复试如何准备

考研复试准备要视不同情况而定，主要包括以下两类。

1）初试不考专业课（管理类联考）

初试结束后 3～5 天内最好开始学习专业课，一般预留 2～3 个月准备时间。建议第一个月看相关网课打好基础，做好笔记；同时训练英语口语，保持语感。第二个月可大量刷题，看复习笔记，注意刷题时多做院校针对性的真题。最后一个月在不断复习专业课的基础上学习政治和英语口语，并进行模拟面试。

2）初试要考专业课

可以先了解复试考试科目与初试专业课科目是否一致。如果一致，可以在保持初试题感的基础上针对复试面试或笔试真题进一步加强巩固。同时，可以多花时间在英语口语、面试临场发挥的训练上。具体的时间安排和上一种情况类似。

8. 考研过程中如何调整自己的心态?

考研过程中难免会出现焦虑心理，这很正常。我们应该正确看待这样的心理，积极调整，而不是放置不管，任由其发展。同学们可以从以下几方面来调整心态、克服焦虑。

①不和他人做比较，记录好自己的做题轨迹，和自己过去的成绩比较，激励自己不断取得进步，而不是和周围备考的同学相比，否则很可能会使自己更加焦虑。

②合理利用社交平台。如果社交平台上发布的信息使自己产生了焦虑，就要考虑不使用，或降低使用频率。

③与同伴交流、缓解压力。若是身边有报考同样专业，并愿意讨论和分享的"研友"，可以结队一起探讨题目，交流学习方法，减轻自身的压力。

④可以通过运动的方式舒缓自己的心情。抽空跑跑步就是一个不错的选择。

⑤制订合理的学习计划。按照自己的计划复习，计划要有一定的弹性，给自己留足喘气的空间，确保自身不会因为计划未完成而焦虑。

四　留学深造

1. 大学各阶段如何做好留学准备

大一大二：认真学习，好好准备期末考试，获得不错的绩点；其间可以参加互联网+、商业模拟挑战赛、社团活动、志愿服务等活动以丰富简历；有余力的话，可以试着去实习；同时搜集多方信息，了解意向学校的基本录取要求。

大三：备考雅思和GMAT/GRE[①]。

雅思成绩的有效期为2年，若要保证入学时雅思成绩在有效期内，最早可以在大三上学期去参加雅思考试。大部分同学的备考时间为1～2个月，但具体情况视个人英语水平而定，如果意向学校有雅思考试小分的要求，一般情况是需要同学继续考试以刷新雅思分数的。

GMAT/GRE成绩的有效期是5年，不排除目标院校要求提供近三年成绩的情况，需要大家自己了解目标院校的具体要求。如果自身英语实力强，可以选择在大一或大二就进行考试。一般情况下，同学们从备考GMAT/GRE到最终出成绩需要半年的时间，且大部分同学不止参与一次考试。所以大家要合理安排考次，以考取目标分数。

关注实习信息，多投递简历，争取利用寒暑假完成实习。利用课余时间进行简历的修改和润色，寒假实习的简历投递一般在9—10月开放，暑假实习的简历投递一般在4—5月开放，同学们注意留意官网信息，以免错过投递时间。

大四：确保英语标准化成绩[②]已经达到要求，准备文书和推荐信等相关资料并着手投递。

具体的投递起始和截止时间要关注学校官网上的信息，不同学校的受理方式也不一样。香港地区院校的商科专业一般在10—11月完成第一轮投递，理想状态下，同学们在10月份之前完成所有标准化成绩的考试并达到理想分数。如果

[①]　GMAT/GRE：GMAT是Graduate Management Admission Test的缩写，中文名称为经企管理研究生入学考试。GRE是Graduate Record Examination的缩写，中文名称为留学研究生入学考试。

[②]　英语标准化成绩涵盖GRE、GMAT、LSAT等。其中，LSAT是Law School Admission Test的缩写，中文名称为美国法学院入学考试。

目标院校截止时间较晚,还可以利用大四上学期的时间刷新标准化成绩和完成实习以丰富简历内容。

2. 如果考虑申请海外博士,那么应该如何选择海外学校和专业

首先,某些研究生课程可以作为申请学术型博士(PhD)的条件,如果之后有读博计划,可以详细了解项目,为之后的博士计划提前做好规划。

其次,海外的研究生项目也有一定的侧重点以及各自的特色。如果是有读博计划,可以选择能够提升自己研究能力、侧重于学术研究的项目。

最后,博士项目更多会考查申请人的研究兴趣、研究能力及研究计划。同学们需要找到自己感兴趣的研究领域(最好是本科阶段就有相关的研究经历),选择研究生项目的时候就可以关注在这个领域比较有名的教授。如若有幸被录取,在校期间可以有意识地和该教授多接触,获得其认可,这有助于后续的博士申请。

3. 授课硕士和研究硕士的区别与选择方法

授课硕士(Taught master's)通常是一年或两年的学制,重点在于教学课程和专业知识的传授。选择授课硕士项目的同学需要在课程学习中积累知识,完成论文或项目,通常要求课程成绩达到一定的标准才能毕业。

研究硕士(Research master's)通常需要两年及以上的学制,重点在于研究工作和学术研究能力的培养。选择研究硕士项目的同学需要通过独立的研究工作和学术论文来证明其研究能力和学术水平。

授课硕士和研究硕士的区别见表3。

表3 授课硕士和研究硕士的区别

主要区别	授课硕士	研究硕士
学习方式	授课硕士主要以课堂教学为主,需要修满一定的学分,完成一些论文或报告,最后提交一篇毕业论文	研究硕士主要以独立研究为主,需要选择一个具体的研究领域,进行实验、文献检索、发表论文等,最后提交一篇研究报告
学习时间	授课硕士的学制一般为一到两年	研究硕士的学制一般为两到三年
学习目的	授课硕士以就业为导向,旨在提升专业知识和技能,适合想找个好工作的学生	研究硕士以科研为导向,旨在培养研究能力和潜力,适合想从事学术或研究型工作的学生

续表3

主要区别	授课硕士	研究硕士
学习成本	授课硕士的学费一般比研究硕士贵，而且几乎没有奖学金	研究硕士的学费一般比授课硕士便宜，而且有一定的申请奖学金
学习难度	授课硕士的申请难度相对较低，主要看重本科成绩、英语水平、实习经历和文书	研究硕士的申请难度相对较高，主要看重本科成绩、英语水平、科研经历、论文发表和研究计划书
课程内容	授课硕士的课程内容一般比较固定，由学校或专业设定好，学生可以根据自己的兴趣选择一些选修课	研究硕士的课程内容一般比较灵活，由学生和导师共同商定，学生可以根据自己的研究方向选择一些相关课程
评估方式	授课硕士的评估方式一般包括考试、课程作业、小组项目、毕业论文等	研究硕士的评估方式一般主要依据毕业论文，有时也会有一些考试或者论文等
学习氛围	授课硕士的学习一般需要团队合作，因为学生需要和同学一起上课、讨论、做项目等	研究硕士的学习一般需要独立，因为学生要自己安排时间、进度、资源等

同学们可以根据自己的职业规划和兴趣爱好选择授课硕士或研究硕士。一般来说，授课硕士注重课程的学习和实践，研究硕士则更加注重学术研究和科研能力的培养。具体的选择可以根据自己的职业目标和兴趣倾向来考虑。主要可以从以下几个方面进行考虑。

对哪些专业或领域感兴趣？想学习哪些课程或内容？

职业规划是什么？想从事哪些行业或岗位？

自身学习方式是什么？喜欢团队合作还是独立研究？喜欢有规律的课程安排还是有灵活的时间安排？

学习能力如何？是否有足够的英语水平、科研经验、论文写作等技能？

经济状况如何？能承担多少学费？是否有申请奖学金的机会？

4. 是否需要找留学机构？怎样判断留学机构是否靠谱

是否需要找留学机构，需要根据自己的能力和需求进行判断。如果自己英文能力还可以，在时间宽裕的情况下，可以选择自己动手（DIY）。在一些热门网站或平台上有很多过来人的经验分享，也可以向目标院校的学长学姐咨询。

对自己的写作和表达能力不是很自信的同学，也可以选择半DIY的形式，把文书部分交给专业的机构负责，文书部分找工作室代写，其他申请流程由自己完成，自由度更高。

当然所有留学事宜也可以完全交给机构负责。选择一家靠谱的机构是非常重要的，判断机构是否靠谱有很多标准。进行选择时可以先询问学长学姐是怎么做的，千万不要轻信一家之言。选出备选项之后，尽量在线下和留学机构的人员见面，问清楚签约条件。不同的留学机构的合同内容和收费标准不同，同学们可以多比较一下。签订协议时也要注意仔细阅读各项条款。

5. 各国留学费用是多少

美国：学费主要受到专业和学制的影响，通常商科的学费比较高，文科、理工科的学费会低一些。以美国东海岸顶级商科院校为例，商科专业的学费一般在4万～9万美元／年；文科专业的学费相对较少，大概在3万～8万美元／年，学制越长学费也越多。换算成人民币可能会更直观一些，美国私立大学的学费在30万～60万／年，公立大学一般是25万～35万元／年，研究生专业会比本科专业的学费更贵一些。不同专业的学费也是不一样的，文科专业、商科专业的学费为30万～60万元／年，理工科的学费稍微低一些，在25万～44万元／年。

住宿费会明显地受到地理位置的影响，相比中部地区，美国东西海岸的费用普遍比较高。纽约、华盛顿等大城市单间公寓的房租大概在1000～1500美元／月，但在这样的大都市里，生活更加便利，工作资源也会相对丰富。而生活费则会因个人生活方式和消费方式不同有较大差异，因此生活费也是留学花费中弹性最大的一部分。

总体来说，美国留学参考费用至少在50万元／年。如果在美国比较大的城市，一个留学生加上房租、生活费大概一年需要花2.5万美元（大约18万元）。所以如果攻读一个一年制的项目，总费用大概在40万～60万元，如果是一个1.5年的商科项目，总费用大概在70万元。

英国：留学参考费用在35万～40万元／年。伦敦生活费成本高，大概1000英镑／月，如果在外伦敦生活，整体费用会便宜不少，基本生活费大概在800英镑／月。

新加坡：留学参考费用在 30 万元／年。整体上商科和热门的文科、理工科项目（计算机、经济学等）的学费在 4.5 万～5 万新元（24 万～27 万元）／年，其他的专业集中在 3.5 万～4 万新元（19 万～21.5 万元）／年。不同项目学费差异较大，比如南洋理工大学的金融硕士项目比传播学硕士项目贵了两倍不止。

澳大利亚：留学参考费用在 35 万～40 万元／年。其实，澳大利亚留学每年的费用和新加坡的差距不大，但因为两年制的项目居多，所以费用会上升一些。悉尼大学、墨尔本大学、澳大利亚国立大学，它们的热门的商科、工程类项目的学费每年在 4.5 万～5 万澳元（22 万～24 万元），文科学费稍低，在 16 万～20 万元／年。热门高校所在地——悉尼和墨尔本生活费、住宿租金也会更贵，住房的租金在 3 万～4 万元／月，餐费在 30～50 澳元／天。

6. 雅思、托福如何提分？口语该如何准备

关于雅思托福如何提分，以及如何准备好口语考试，同学们可以参考表 4。

表 4　托福、雅思的提分技巧

	托福	雅思
听力	先听后做题。在做题前是看不见题目的，需要我们将听力内容记在草稿纸上，因此托福听力需要我们具备良好的记笔记能力，以及对听力内容整体脉络结构的把控能力	边听边做题。正式开始前有几十秒时间预览题目，在大致把握考点之后完成题目。在听的时候，不是考点的地方就可以粗听，快到考点了则需要全神贯注
阅读	比较容易定位，有些题目不用通读全文，即使不对整篇文章有把握，也可以做题。托福阅读的第一篇一定要在 20 分钟内完成，后两篇在 40 分钟内完成	一般需要边读文章边定位，其中，非判断题难度比较大，雅思阅读是 1 个小时做 3 篇，分配好 3 篇各自花费的时间即可
写作	托福写作和雅思写作在独立写作（independent writing）上的考查方法都是一样的。对于综合写作（integrated writing），托福是先听一段听力，然后根据阅读，写出两者不同的地方。雅思则是图表作文，有线图、饼图、柱状图等，需要准备的类型比托福多	
口语	面对机器发表自己的观点并复述听力内容。总结的口语模板一定要背熟，保证规范正确的语音、语调、语法，然后做一些自己的小改动，把模板化为自己的故事，以不变应万变，更体现真实性	描述一样东西以及和考官进行沟通，存在一个相互交流的环节。考前可以通过不断跟读，学习各类语音材料，包括视频、老师课程等，及时纠正自己发音上的错误。然后通过输入地道语料，积累复杂语法，提高表达的准确性

7. 保研或考研失败后，如何快速通过留学途径完成升学目标

1）对于保研失败的同学

保研结果 9 月底就会公布，所以对于保研失败者，完全来得及申请想去留学的学校。想要成功申请留学，同学们需要在 10 月至 12 月考出满意的语言成绩，最好考出一个不错的 GRE/GMAT 成绩。保研失败的同学，大多数的标化成绩是不错的，而且为了保研参加了很多比赛、科研项目等，再加上语言成绩，即使要申请出国出境留学，也是有很大的竞争力。

2）对于考研失败的同学

每年 12 月考研结束后，同学们就可以根据发挥水平来决定是否提前准备雅思、GRE/GMAT 等语言成绩。但要注意的是，考研的同学可能赶不上新加坡、英国等国以及我国的香港、澳门等地的留学的第一轮申请，其中，中国香港地区和新加坡的学校 1 月份就基本结束申请了，只有极少数学校 4 月份才截止。美国和英国的学校一般会到第二年的 4 月、5 月截止，对于同学们来说准备时间是比较充足的。同学们可以根据学校申请的截止日期选择留学地区。

五 职业资格考试

商科学生参加职业资格考试的主要目的：对在校学习的成果进行检验，能再次巩固专业知识，完善个人专业知识结构，拓展专业知识面，提高个人综合职业素养。此外，参加职业资格考试有助于培养学生的职业嗅觉，引导学生进行具体的职业规划，有效提高学生的就业竞争力。目前，商科学生参加的相关职业资格考试主要有会计专业技术资格考试、证券行业专业人员水平评价统一测试（原证券从业资格考试）、注册会计师（Certified Public Accountant，简称 CPA）、特许金融分析师（Chartered Financial Analyst，简称 CFA）、特许公认会计师公会（The Association of Chartered Certified Accountants，简称 ACCA）。其中，会计专业技术资格考试、证券行业专业人员水平评价统一测试、注册会计师为国内参考人数较多的项目，主要考试内容侧重理论知识和适用于国内会计准则和法律规定，对境内就业有更多的帮助。CFA 和 ACCA 为国际专业资格考试认证，更适用于境外就业，跨国企业就业，国家、地区间的经济往来。许多高校将例如 CFA 或

ACCA 的学习和考试融入了大学专业培养，我们将对以上几种职业资格考试做相应的介绍。

1. 会计专业技术资格考试[①]

会计专业技术资格分为初级资格、中级资格和高级资格，是指担任会计专业相关工作职务的任职资格，是一种专业认证，用于确认会计专业人员在会计、审计、财务和税务领域具有专业知识和技能。我国的会计专业技术资格考试是由财政部、人力资源和社会保障部负责实施，主要依据《中华人民共和国会计法》《关于深化会计人员职称制度改革的指导意见》《会计专业技术资格考试暂行规定》等。在校学生一般可以参加初级资格考试。

1）考试条件

（1）报名参加会计资格考试的人员，应具备下列基本条件。

①遵守《中华人民共和国会计法》和国家统一的会计制度等法律法规。

②具备良好的职业道德，无严重违反财经纪律的行为。

③热爱会计工作，具备相应的会计专业知识和业务技能。

（2）报名参加初级资格考试的人员，除具备基本条件外，还必须具备高中毕业（含高中、中专、职高和技校）及以上学历。

（3）报名参加中级资格考试的人员，除具备基本条件外，还必须具备下列条件之一。

①具备大学专科学历，从事会计工作满 5 年。

②具备大学本科学历或学士学位，从事会计工作满 4 年。

③具备第二学士学位或研究生班毕业，从事会计工作满 2 年。

④具备硕士学位，从事会计工作满 1 年。

⑤具备博士学位。

⑥通过全国统一考试，取得经济、统计、审计专业技术中级资格。

（4）报名参加高级资格考试的人员，除具备基本条件外，还应具备下列条件之一。

[①] 财政部：《关于 2024 年度全国会计专业技术资格考试考务日程安排及有关事项的通知》，http://kjs.mof.gov.cn/gongzuodongtai/202312/t20231208_3920621.htm。

①具备大学专科学历，取得会计师职称后，从事与会计师职责相关工作满10年。

②具备硕士学位或第二学士学位或研究生班毕业或大学本科学历或学士学位，取得会计师职称后，从事与会计师职责相关工作满5年。

③具备博士学位，取得会计师职称后，从事与会计师职责相关工作满2年。

2）考试科目

①初级资格考试科目包括初级会计实务、经济法基础。

②中级资格考试科目包括中级会计实务、财务管理、经济法。

③高级资格考试科目包括高级会计实务。

2. 证券行业专业人员水平评价统一测试[①]

证券行业专业人员水平评价统一测试是由中国证券业协会负责组织的全国统一考试，根据《中华人民共和国证券法》《证券基金经营机构董事、监事、高级管理人员及从业人员监督管理办法》有关规定，从业人员管理已由事前资格准入改为事后登记管理，证券从业资格考试调整为非准入型的专业能力水平评价测试；从业人员无须取得从业资格，符合相关规定，能够通过其他方式证明具备相应专业能力的人员，可以不参加相应的水平评价测试。考试测试划分为一般业务水平评价测试、专项业务水平评价测试。目前在校学生可选择参加一般业务水平评价测试。报名考试条件可以参见《证券行业专业人员水平评价测试实施细则》。

考试科目：

一般业务水平评价测试科目包括证券市场基本法律法规、金融市场基础知识。

专项业务水平评价测试科目包括证券投资顾问业务、发布证券研究报告业务、投资银行业务。

3. 注册会计师[②]

注册会计师，是由财政部负责实施的准入类资格认证，主要依据《中华人民

[①] 中国证券业协会：《关于发布〈证券行业专业人员水平评价测试实施细则〉的通知》，https://www.sac.net.cn/tzgg/202207/t20220708_57084.html。

[②] 《财政部关于修改〈注册会计师全国统一考试办法〉的决定》，http://tfs.mof.gov.cn/caizhengbuling/202402/t20240207_3928476.htm。

共和国注册会计师法》，是会计行业的一项执业资格考试。

按照财政部《注册会计师全国统一考试办法》规定：符合下列条件的中国公民，可以报名参加注册会计师全国统一考试：①具有完全民事行为能力；②具有高等专科以上学校毕业学历，或者具有会计或者相关专业中级以上技术职称。在校学生参加注册会计师主要以在读研究生为主，在校本科学生大部分暂无考试资格。

考试划分为专业阶段考试和综合阶段考试。考生在通过专业阶段考试的全部科目后，才能参加综合阶段的考试。专业阶段考试设会计、审计、财务成本管理、公司战略与风险管理、经济法、税法 6 个科目；综合阶段考试设职业能力综合测试 1 个科目。

4. 特许金融分析师

特许金融分析师（CFA）是由美国投资管理与研究协会（AIMR）于 1963 年开始设立的特许金融分析师职业资格认证。CFA 资格认证因为其在高级投资组合管理、财务专业知识和技术技能方面的卓越能力而被更多的投融资行业组织所接受。持有 CFA 资格认证的人主要从事的职业有投资分析师、投资组合经理、投资顾问、会计师、审计师、财务规划师和销售专业人士等。

CFA 课程包括组织期望的基础知识，以及当今投资管理所需的高级投资分析和投资组合管理技能。根据 2024 年官方发布的最新课程规划，目前主要课程包括道德和专业标准、定量方法、经济学、财务报表分析、公司发行人、股权投资、固定收益、衍生物、替代投资、投资组合管理和财富规划。CFA 考试分为三个级别，每个级别的考试内容都有其独特的权重和考试形式，每一级课程都是在前一级的基础上建立（见表 5）。

表 5 CFA 各级考试内容权重[①]

课程	考试内容权重		
	一级	二级	三级
道德和专业标准	15% ~ 20%	10% ~ 15%	10% ~ 15%

---

① 以上内容根据 CFA 官网公布的相关政策进行整理，来源：https://www.cfainstitute.org/。

续表 5

课程	考试内容权重		
	一级	二级	三级
定量方法	6% ~ 9%	5% ~ 10%	0
经济学	6% ~ 9%	5% ~ 10%	5% ~ 10%
财务报表分析	11% ~ 14%	10% ~ 15%	0
公司发行人	6% ~ 9%	5% ~ 10%	0
股权投资	11% ~ 14%	10% ~ 15%	10% ~ 15%
固定收益	11% ~ 14%	10% ~ 15%	15% ~ 20%
衍生物	5% ~ 8%	5% ~ 10%	5% ~ 10%
替代投资	7% ~ 10%	5% ~ 10%	5% ~ 10%
投资组合管理和财富规划	8% ~ 12%	10% ~ 15%	35% ~ 40%

报考 CFA 无硬性学历方面的要求，本科在校大学生毕业前 23 个月可以报考一级，毕业前 11 个月可以报考二级，取得本科毕业证可报考三级。3 年制大专学历需要增加 1 年全职相关工作经验，2 年制大专学历需增加 2 年全职相关工作经验。无大专及以上学历者则需要 4 年全职相关工作经验。

CFA 协会一共与国内包括北京大学、清华大学、复旦大学等 40 余所高校开展合作，一般设置的专业为金融学学士或硕士、经济学学士或硕士，部分高校还专门开设了金融学专业（CFA 方向）班。课程采用英文教材、英文授课、英文考核的方式。当学生完成日常学习，在读完后基本拥有直接参加 CFA 考试的能力。部分院校会给学生提供奖学金或境外高校机会。

5. 特许公认会计师公会

特许公认会计师公会（ACCA）成立于 1904 年，是全球会计师职业团体之一，以培养国际性的高级会计、财务管理、审计专家著称。ACCA 资格证书全球公认，近年来越来越多的会计人才考取该资格证书。为满足我国对高级会计人才的需求，很多高校与 ACCA 合作，引进 ACCA 教育资源，开展国际化会计人才的培养，

如开始在本科阶段引进ACCA课程体系：会计学（ACCA方向）、财务管理（ACCA方向）等。以四川大学为例，ACCA课程体系嵌入会计学专业教育，学制四年。专业核心课程是ACCA全球统考的十三门课程，全部采用英文版教材，中英文授课，参加全球同步统考。ACCA考试科目分为基础阶段和专业阶段两个部分。以下是ACCA考试的详细科目列表。

基础阶段。

基础阶段包括知识课程（F阶段）和技能课程两部分，具体科目如下：

知识课程（F阶段）：

BT（商业与技术）：介绍商业环境、商业组织和信息技术等方面的知识。

MA（管理会计）：涵盖管理会计原理、成本会计和业绩管理等内容。

FA（财务会计）：学习财务报告的编制、会计准则和财务分析等技能。

注意：在某些情况下，考生可能有机会获得部分科目的免试资格，这通常取决于他们的学历背景或先前的工作经验。

技能课程：

LW（公司法与商法）：涉及商业法律环境、公司法和合同法等法律知识。

PM（业绩管理）：进一步深入业绩管理的各个方面，包括预算编制、绩效评估和差异分析等。

TX（税务）：学习税收制度、税务筹划和税务合规等内容。

FR（财务报告）：专注于财务报表的编制、分析和解释。

AA（审计与鉴证）：介绍审计程序、审计报告和内部控制等审计相关知识。

FM（财务管理）：学习资本预算、投资决策和风险管理等财务管理技能。

专业阶段。

专业阶段包括核心课程和选修课程两部分，具体科目如下：

核心课程：

SBL（战略商业领袖）：培养考生在商业环境中的战略思维和领导能力。

SBR（战略商业报告）：强调财务报告在战略决策中的应用，并培养高级财务分析能力。

选修课程（四选二）：

APM（高级业绩管理）：深入探索业绩管理的高级议题，如战略成本管理和绩效测量。

ATX（高级税务）：研究税务筹划和税务合规的高级问题。

AFM（高级财务管理）：涵盖高级财务管理理论和应用，如资本结构优化和风险管理。

AAA（高级审计与鉴证）：深入研究审计理论和实务的高级议题，包括审计技术、审计报告和审计质量等。

考生需要在专业阶段选择两门选修课程进行考试，并从上述四门选修课程中做出选择。

注意事项：

ACCA 考试要求考生通过 13 门科目即可获得证书（基础阶段 9 门 + 专业阶段 4 门），但考生需要完成所有科目的学习以满足 ACCA 的学术要求。

ACCA 考试各科目满分均为 100 分，考生成绩达到 50 分即为及格。

ACCA 考试在全球范围内设有多个考季，考生可以根据自己的时间和准备情况选择合适的考季进行报名和考试。

以下将重点就 ACCA 统考相关经验和方法为同学们做一交流。

1）如何高效准备 ACCA 统考

商科中的会计学（ACCA 方向）学生还面临 ACCA 全球统考。

（1）整体时间。

一般是 5～7 次季考能够完成 ACCA 的全部考试。

（2）ACCA 统考的搭配推荐。

以下是 ACCA 统考安排的推荐（见表 6）。

表 6 ACCA 统考安排

基础阶段（F 阶段）科目搭配推荐	
F5/F6（PM/TX）	有一门是免试，可以先考一科适应一下考场及整体的考试节奏
F7+F9（FR/FM）	推荐两科一起考，因为这两科不是太难，偏计算，如果自身能力较强，可以考虑加上 F8，缩短整体考试时间
F8（AA）	整体较难，建议单独考，以便可以准备充分

续表6

专业阶段（P阶段）科目搭配推荐	
快速版：两科搭配	推荐SBR+AAA以及SBL+AFM。SBR+AAA一起考会事半功倍，两科的知识点上具有关联性。AFM计算题偏多，SBL基本上纯文字题，可以一起搭配考试
较快版：AFM+任意一科，其他科目单独考	AFM搭配任意一科，建议选择SBR或者SBL。AFM一般被认为是P阶段最简单的，所以可以用它搭配其他科目。由于P阶段和F阶段很不一样，所以建议先从P阶段的必修科目开始考
稳定版：都单独考	可以从AFM或者SBR开始考，把SBL或者另一门选修科目放最后

（3）学习经验，高效备考。

整体方法就是"刷题+总结"（刷大题一定要在电脑上做，因为考试是机考）。刷题是一个很好的适应考试的方法，一开始刷题可以分类进行，比如单独做选择题或者单独做大题。在快考试前，可以计时做整套题，对全局有个了解。

F阶段主要考查的是基础知识的储备与应用，此阶段难度相对不大，因此认真听网课、认真做题一般就可以通过。攻克计算题和客观题，需要在考前认真刷历年真题；攻克文字题，则可以通过多刷真题和看老师讲解视频，总结提炼重点和常考知识点，形成自身的答题思路，同时针对不同学科，结合其中特点进行备考（见表7）。

表7　F阶段的考试技巧

F阶段	考题包括客观题和主观题
F6	比较烦琐，多背诵
F7	报表很重要，一定要重视
F8	多背诵，多做题，提高速度
F9	计算多，刷题

P阶段则主要考查的是对知识点的灵活应用、变通和对材料的理解，此阶段难度陡然上升，需要同学们做好一定的心理准备，但也无须过分恐惧焦虑，努力就一定会有回报。进入P阶段，吃透历年真题才能更好地理解考官的出题思路以及主观想要考查的知识点，单纯背诵答题模板是行不通的，同学们需要将知识点

与题目所给的材料紧密结合。与此同时,提升阅读材料的速度和打字速度也是必不可少的,因为 P 阶段都是主观题,且题量比较大,所以打字速度快很有优势。P 阶段的考试时间会比较紧张,F 阶段可以做完题,但是 P 阶段不一定能够做完题。P 阶段的考试技巧如表 8 所示。

表 8　P 阶段的考试技巧

P 阶段	考题为主观题
SBR	需要自己整理会计准则,甚至可以在做题的时候将题目补充在对应的会计准则下面,一点点丰富内容。SBR 给分较松,稍微有关可能就会给分,所以尽可能多地把能想到的都写上去
SBL	因为考试时间很长,所以一定把控好时间,这科挺考验英语能力的,因为基本上都是文字题
AAA	判断考的是什么会计准则很重要,要答到点子上。和 SBR 不同,AAA 给分比较严格,需要有针对性地回答,而不是泛泛而谈
AFM	一开始可能对某些概念不太理解,但可以通过刷题和复习对应知识点可以解决

2）ACCA 的相关资料如何获取和筛选

（1）ACCA 中文官网。

先点击 ACCA 中文官网导航栏"学员",再点击"ACCA 学习支持"。进入"ACCA 学习支持"后,有科目资源汇总版块、战略专业选修科目最新变化版块、机考练习平台版块、官方模拟考试版块与 MAX 和学习圈版块。

科目资源汇总：点击科目资源汇总后,可以选择不同阶段的科目,选择报考科目后,页面直接进入 ACCA Global 资源页面。

战略专业选修科目最新变化：报考 P 阶段的同学可以直接点击此版块获取 P 阶段的学习资源,但是目前仅汇集了 APM、AFM 和 AAA 的学习资源。点击报考科目后可直接浏览考试大纲、样卷、历年真题等资源。

机考练习平台：可直接通过中国本土机考练习平台登录。

官方模拟考试：可在官方模拟考试版块中获取历年 P 阶段模考试卷、试卷答案以及解析视频。

MAX 和学习圈： 具体内容在第三部分详细介绍。

（2）ACCA GLOBAL。

①官网资料获取方法。

点击 ACCA Global 官网导航栏选项"Students"，选择 Find study resources，再点击 ACCA Qualification 后，可以选择报考科目。选择科目后，官网提供起步阶段的资料和学习复习阶段的资源以供参考。

②官网实用资源推荐。

考试大纲：可以帮同学们明确相关科目的考试目的和范围，同时罗列了考试结构及目标学习成果。

考官文章：为考官亲笔总结的每次季考考生普遍失分点、知识盲区以及考试重点，学习考官文章可以帮助同学们深入了解评分标准、考试中常见的错误以及如何避免。

技术性文章：对考试大纲新增内容进行补充性说明，并对考试技巧进行讲解。

考试技巧：为考生提供指导，包括案例理解、问题分析以及答案组织。

机考练习平台：为了帮助同学们熟悉考试界面和测试考试准备的完备程度，ACCA 开发了练习测试（Practice Tests），适用于所有机考科目。练习测试模拟现场考试，为同学们提供完善的机考体验。同时，还会为同学们提供个性化的成绩反馈，使同学们在真正考试之前对照教学大纲发现自己的强项和不足。但需要注意的是，已经发布在网站上的历年真题（及其答案）不会因为考纲（或准则）的变化而进行更新。

机考练习平台里面有样卷、模考试卷、历年真题资源。它可以帮助同学们熟悉机考操作和考试技巧，包括功能键使用、机考界面、答题区域等；了解考试题型分布、出题方式等；限时模拟真实考试环境，练习答题手感。

（3）ACCA 学习圈和 MAX。

①学习圈。

先点击 ACCA 中文官网导航栏"学员"下面的"ACCA 学习支持"，再点击 MAX 和学习圈，可找到加入学习圈的二维码。目前 ACCA 创建了 SBL、SBR、AFM、APM、AAA 和 AA 科目的学习圈，加入各科目学习圈后，同学们可以获取全面的"学习计划"，包括观看 MAX 知识点讲解、习题讲解、打字练习、真题练习、模拟考试等，也可以获取每日学习任务，让复习更有节奏，让刷题更有针对性。

② ACCA MAX。

点击 ACCA 中文官网导航栏"学员"下面的"ACCA 学习支持"，再点击 MAX 和学习圈，可找到加入 ACCA MAX 的二维码。在微信小程序"ACCA 学员服务小助手"的学习资源版块中也可进入 ACCA MAX。ACCA MAX 中，各科目仅 20～30 小时，有 100 多个小视频。知识点大概 3～5 分钟，考试真题讲解 20～30 分钟，方便同学们充分利用碎片时间进行学习。但目前 MAX 仅提供 P 阶段科目和 EPSM 的对应资源，如知识点讲解、题目解析、机考技巧讲解、题目自测等。

以上内容仅供参考，具体内容视当年情况而定。

3）APM、AAA 和 ATX 如何进行选择

一般来说，大家会从 APM 和 AAA 两门中进行选择，大部分中国考生也是从这两门中进行选择。

总的来说，APM 是 PM 的升级版，ATX 是 TX 的升级版，AAA 是 AA 的升级版。换句话说，如果你在 F 阶段这些科目考得好，那么可以考虑选择对应的 P 阶段。

APM 和 AAA 的通过率不相上下。APM 和 AAA 相比，APM 会更加灵活，需要应用，更主观化；AAA 背的东西挺多，同样也需要应用，不过它有一部分内容与 SBR 重复，两个科目一起学可以事半功倍。如果想快速通过考试，可以考虑 ATX，因为它和 TX 一样都是基于英国税法进行考核。但需要注意的是，因为中国考生考 ATX 的较少，所以相关的考试资料也较少。

总而言之，不管选择这三门中哪一门，考试都是比较困难的，大家都需要认真准备，不要存在侥幸心理。

科研竞赛篇

科研竞赛篇

一、科研论文

1. 论文有哪些类型

科研论文的主要类型包括基础理论型论文、应用研究型论文、学术争论型论文、调查报告型论文、文献综述型论文。

1）基础理论型论文

基础理论型论文的主要目的是对相关学科的基本概念、理论进行深入研究和分析。与应用研究型论文不同，基础理论型论文的重点不在于探讨实际应用或解决具体问题，而是通过对已有理论、思想和观点的综合运用，进行归纳、推演，并获得对特定主题或领域的更深入的认识的思维过程。基础理论型论文通常要求作者具备扎实的学科知识和理论基础，能够对相关概念和理论进行系统性的整理、概括和总结。这类论文常常涉及对文献资料的广泛调研和综合分析，以形成对特定主题的全面性理论阐述。基础理论型论文对于学术界的学者和研究人员来说，是进行学术交流、推动学科进展和理论发展的重要方式之一。

2）应用研究型论文

应用研究型论文的主要目的是通过实证研究、实践案例或实际调查等方法，将已有的理论知识应用于解决实际问题或应用于各领域的具体情境中。与基础理论型论文不同，应用研究型论文侧重于探索实际应用和解决现实世界中的问题。应用研究型论文通常会选取一个具体的研究问题或应用场景，通过采集和分析数据、开展实验、进行案例研究等实证研究方法，验证或拓展已有的理论知识，提出相应的实践建议或应用方案。这类论文的目标是促进学术理论与实际应用之间的互动和融合，提供对特定领域或实际问题的解决方案和指导。撰写应用研究型论文需要具备一定的理论基础，同时也要具备分析和解决实际问题的能力。应用研究型论文对于学术界和实践领域的专业人士来说，具有实际应用和指导意义，能够为相关领域的决策和实践提供有价值的参考和借鉴。

3）学术争论型论文

学术争论型论文的主要目的是探讨学术领域内存在的争议问题，并对不同观点进行分析、评述和对比。这类论文通过对相关文献资料的综合研究，对争议问题进行论证和辩论，旨在推动学术界对于该问题的理解和认识的深化。学术争论型论文通常选择一个具体的争议话题或观点，然后对不同立场和论证进行客观分析。作者需要提供有力的证据，运用逻辑推理和批判性思维，以支持自己的观点并回应其他观点的挑战。通过论文的撰写，学者可以激发学术界的辩论和讨论，促进思想碰撞和理论突破。撰写学术争论型论文需要作者对相关领域的研究和文献有一定的了解和深入思考，应当能够概述不同观点的基本论据和论证，并对其进行分析和评价。此外，这类论文的撰写还需要作者保持客观、中立的立场，注重对各种观点的全面性和公正性评估。学术争论型论文对于学者来说，是展示批判性思维和学术能力的重要方式之一，也为学术界的进一步发展和理论突破提供了有益的思考和讨论。

4）调查报告型论文

调查报告型论文的主要目的是通过实地调查、问卷调查、访谈等方法收集和分析实际数据，对某一特定主题或问题进行详尽的描述和分析。这类论文旨在提供对于特定现象、情况或群体的全面了解，并基于实证数据给出相应的结论和建议。调查报告型论文要求作者具备调查研究的技能，包括设计问卷、采访调查对象、分析数据等能力。此外，作者还应具备对数据进行合理解读和推理的能力，以确保论文的可信度和学术价值。调查报告型论文对于了解实际情况、解决实际问题以及推动社会进步具有重要意义，同时也为学术界提供了实证研究的范例和参考。

5）文献综述型论文

文献综述型论文的主要目的是对特定领域或主题的相关文献进行广泛的调研和梳理，总结并评述已有研究的进展、观点和结论。这类论文旨在提供对某一特定领域或问题的全面概述和分析，展示学术界在该领域的研究状况和发展趋势。文献综述型论文要求作者具备良好的文献检索和分析能力，能够系统地收集和评估大量的文献资料，并对其进行合理的综合和总结。同时，作者还需要具备对文

献观点和研究方法的评价和分析能力，以提供对研究领域的深入洞察和批判性思考。这类论文对于学术界的学者和研究人员来说，是了解研究进展、研究热点和理论观点的重要途径，也为后续研究提供了理论基础和方法指导。此外，文献综述型论文对于初学者来说是一个很好的学术训练和入门方式，可以提升对特定领域研究主题的深入了解。

2. 如何确定论文选题

1）选题关键点

选题是科研论文的重要环节，以下是选题过程中需要考虑的八个关键点。

（1）**兴趣和熟悉度**。选择自身感兴趣且对其有一定了解的领域或主题，可激发研究热情并提升研究效果。

（2）**研究价值与意义**。确保选定的题目在学术或实践方面具有重要的价值和意义，能够在一定程度上填补知识空白、解决现实问题或推动学科进展。

（3）**文献调研**。进行广泛的文献调研，了解已有的研究进展、观点和研究空缺，找到研究不足，从中发现有待深入研究的问题。

（4）**实际可行性**。考虑选题的可行性，包括可用的资源、时间和技术条件，确保能够在现有条件下完成研究。

（5）**创新性和原创性**。选题应具备一定的创新性和原创性，能够为学术界带来新的见解、观点或方法。

（6）**数据和方法**。考虑可获得的数据来源和研究方法，确保选题在数据收集和研究设计上具备可操作性。

（7）**学术导师或专家建议**。咨询学术导师或相关领域的专家，听取建议和意见，以获得对选题的专业指导。

（8）**个人职业发展**。考虑选题对个人职业发展的影响，选择与自身学术目标和未来职业规划相契合的研究方向。

2）确定选题的途径

（1）**选择权威期刊里的论文进行阅读**。通过这些高质量的论文，了解目前学术界的话题热点，从别人的论文里收集自己感兴趣的研究点作为自己选择研究主题的参考。推荐的中文权威期刊：《会计研究》《金融研究》《管理世界》《南开管理评论》等。大家可以通过在知网上选择高级检索，筛选核心期刊级别及以上的文章阅读学习。

（2）从课堂上确定选题。可以根据专业课上老师所提到的最近的专业热点，如发布的新政策来进行扩展思考，并于课后和老师多多交流，在交流讨论中确定选题。

（3）从实习实践中确定选题。有不少同学会利用假期时间进行专业实习，这不仅可以巩固自己在学校、书本上学习到的知识，还可以在实务中发现问题，并确定自己的论文选题。

（4）从课题研究中确定选题。一些老师会邀请大家进入自己的课题组。根据学术导师制度，同学们进入老师的课题组后，可以先跟着老师进行科研训练，并在课题研究中确定选题。

（5）在导师指导下，确定选题。不同的导师研究的课题会有所不同，在导师的熏陶下，自己可能会被激发出灵感，提出自己的选题想法。此外，也可以与导师多沟通，导师也会给你提供一些论文写作的大致方向和思路。

3. 如何科学进行文献阅读

1）整理文献

使用Excel表格整理文献是一个很好的方法，它可以帮助你系统化地归纳和审视研究材料。以下是一些建议：

（1）**明确表头分类**。在Excel表格中，创建清晰的表头，包括但不限于：论文标题、作者、研究假设、关键变量（因变量、自变量、控制变量）、中介变量、调节变量、工具变量、发表期刊、发表年份等。这些分类将帮助你快速把握每篇论文的核心内容和研究方法。

（2）**细化变量分类**。在关键变量的整理中，进一步细分控制变量，并注意区分常规控制变量和研究话题领域特有的控制变量。

（3）**关注研究方法**。对于中介变量和调节变量，记录其理论依据和实证方法。

2）阅读间隔

根据自己的时间适当安排即可，一周精读1篇，泛读2～3篇，包括阅读英文文献。

3）阅读方法

进行有效的文献阅读是进行科研工作的重要一环。以下是进行文献阅读的一些建议。

（1）设定明确目标。在开始阅读前，明确自己的研究目标和阅读目的，这有助于有针对性地筛选和阅读相关文献。

（2）文献检索。使用学术数据库、图书馆目录、在线期刊等资源进行文献检索，选择与研究主题相关的文献。

（3）筛选文献。初步筛选文献时，可以先阅读文献的标题、摘要和关键词，以确定其是否与你的研究主题相关。

（4）选择关键文献。对初步筛选出的文献进行深入阅读，选择那些在研究领域中有影响力、被广泛引用的重要文献。

（5）有条理地阅读。阅读文献时，建议先浏览全文了解其整体内容，然后逐段仔细阅读，并做好笔记记录关键信息。

（6）批判性思考。对阅读的文献进行批判性思考，评估其方法、结果和结论的可靠性和适用性，发现其中的优点和不足之处。

（7）记录和整理。在阅读过程中，及时记录重要的信息、引用和思考，整理成笔记或文献摘要，便于日后参考和引用。

（8）查找引文和相关文献。查找阅读文献的引用文献和相关文献，扩大阅读范围，深入了解该领域的相关研究和观点。

（9）与他人讨论。与同行、导师或其他专家讨论所阅读的文献，分享自己的理解和观点，获取不同的思考和反馈。

（10）持续学习。定期进行文献阅读，跟踪最新的研究进展和学术动态，保持对领域知识的更新和深入了解。

4. 研究常见数据处理软件及其使用

在科学研究中，有几种常见的数据处理软件广泛应用。以下是其中几种常见的数据处理软件及其使用。

（1）Microsoft Excel。Excel是一种电子表格软件，可用于数据输入、整理、计算和可视化。它提供了强大的功能，如排序、筛选、公式计算、图表绘制等，适用于各种数据处理任务。

（2）SPSS。SPSS（Statistical Package for the Social Sciences）是一种专业统计分析软件，广泛用于社会科学研究。它提供了丰富的统计分析工具和图形展示功能，可进行描述统计、回归分析、方差分析等复杂统计分析。

（3）R语言。R语言（The R Programming Language）是一种开源的统计计算和图形化软件，广泛用于统计分析和数据可视化。它提供了丰富的统计分析包和图形库，可以进行各种数据处理、建模和可视化操作。

（4）Python。Python是一种通用编程语言，也被广泛用于数据处理和分析。通过使用Python的数据处理库（如NumPy和Pandas），可以进行数据清洗、转换、计算和分析，并结合其他库（如Matplotlib和Seaborn）进行可视化。

（5）MATLAB。MATLAB是一种高级数值计算和可视化软件，广泛用于工程和科学研究。它提供了丰富的数值计算和数据处理函数，适用于各种科学计算和数据分析任务。

（6）Tableau。Tableau是一种数据可视化软件，可帮助用户查看并理解报告。它提供了直观的图表和交互式仪表板，使用户能够以可视化的方式探索和呈现数据。

（7）SAS。SAS（Statistical Analysis System）是一种用于统计分析和数据管理的软件，广泛应用于医学研究、金融领域等。它提供了丰富的统计分析功能和数据管理工具。

（8）Stata。Stata是一种统计分析和数据管理软件，常用于社会科学和经济学领域。它提供了广泛的统计方法、数据管理功能和数据可视化工具。

（9）JMP。JMP是一种用于数据可视化和探索性数据分析的软件，具有用户友好的界面和强大的图形化功能。它适用于发现数据背后的价值。

（10）Minitab。Minitab是一款常用的统计分析软件，广泛应用于质量管理、六西格玛项目、实验设计和数据分析等领域。它提供了丰富的统计工具和图形化功能，可用于探索性数据分析、假设检验、回归分析、方差分析等各种统计分析任务。

（11）Origin。Origin 是一款用于科学数据分析和可视化的专业软件。它被广泛应用于科学研究、工程分析、数据处理和图形绘制等领域。Origin 提供了强大的数据分析功能、高质量的图形展示和定制选项，以及与其他软件的数据交互和集成能力。

（12）Eviews。Eviews（Econometric Views）是一款专门用于经济学和计量经济学分析的软件工具。它提供了广泛的计量经济学方法和模型，可用于数据处理、建模、估计和预测。Eviews 在学术研究、经济政策分析和商业决策中得到了广泛的应用。

5. 如何高效地学会使用常见数据处理软件

（1）学习资源。寻找官方文档、教程、在线课程或培训资源，这些资源通常提供了从入门到高级的学习内容，有利于逐步掌握软件的功能和操作。

（2）实践和项目。通过实践和实际项目来应用所学的知识。选择一个小型的数据处理任务或项目，将所学的技能应用到实际情境中，以加深理解并提高熟练度。

（3）社区支持。参与相关软件的用户社区、论坛或在线群组，与其他使用者交流经验、提出问题、分享资源。社区支持能够快速解决疑惑、获取技术建议，并学习他人的实践经验。

（4）示例代码和案例。查找并研究相关软件的示例代码和案例，这些示例通常可以在官方文档、在线资源或社区中找到。通过阅读和理解示例，可以学习常见的数据处理技巧和方法。

（5）实用工具和快捷键。熟悉软件中的实用工具和快捷键，这些功能可以帮助你提高操作效率。了解并运用常用的快捷键、自定义工具栏、批处理功能等，可以节省时间和精力。

（6）持续学习和探索。数据处理软件的功能和应用领域非常广泛，不断学习和探索新的功能和技巧是提高技能的关键。关注软件的更新和新版本，并继续学习新的特性和工具。

（7）练习和复习。通过处理真实的数据和解决实际问题，不断练习和应用所学的技能。挑战自己解决不同类型的问题，并尝试使用软件的高级功能和技术。

通过以上方法，可以逐步学会并高效地使用数据处理软件。更重要的是，保持实践和持续学习的态度，不断提升自己的技能水平，并将所学的知识应用到实际研究和工作中。

6. 如何选择与联系导师

选择和联系导师是研究生申请过程中非常重要的一步。以下是一些参考的做法。

（1）**确定研究方向**。确定感兴趣的研究方向。了解自己的研究兴趣和目标，确定希望在哪个领域深入研究。

（2）**搜索相关导师**。在感兴趣的领域中，搜索相关的导师。可以通过大学网站、学术数据库、研究论文、学术会议等途径获取相关信息。

（3）**评估导师的资历和研究成果**。查看导师的个人资料、学术背景、发表的论文和参与的研究项目。评估导师的研究主题是否与自己的研究方向相符合。

（4）**查看导师的指导风格和学生关系**。了解导师的指导风格，例如他们是否鼓励学生独立思考、提供支持以及反馈的频率等。此外，还可以联系当前或曾经的学生，了解他们与导师的相处风格和导师的指导风格。

（5）**联系导师**。准备一封自我介绍的邮件，说明自身的研究兴趣、学术背景和希望合作的原因。在邮件中表达对导师的研究工作的认可，并提出与导师交流的请求。

（6）**参加学术会议或讲座**。参加相关的学术会议或讲座，与导师面对面进行交流，这将提供更好的机会来建立联系和展示自己的学术兴趣及学术积累。

（7）**注意礼貌和耐心**。在联系导师的过程中，要保持礼貌和耐心。理解导师可能会非常忙碌，回复可能需要一些时间。如果未收到回复，可以在适当的时间间隔后再次发送邮件或尝试其他联系方式。

（8）**准备面试和讨论**。如果导师对你的研究感兴趣，并表达了与你进一步讨论的意愿，准备好与导师进行面试或讨论。在面试中展示自身的研究兴趣和潜力，提出相关问题，并了解导师的期望和研究计划。

（9）**个性匹配和合作潜力**。除了考虑导师的专业背景和研究成果，也要考虑个性匹配和合作潜力。导师与学生之间的相互理解、沟通和合作是一个较为重要的因素，有利于更好地开展研究工作。

（10）**考虑实际条件。** 除了考虑学术因素，还要考虑实际条件，例如导师所在的地理位置、实验设备、研究经费等方面是否符合自身的需求和期望。

（11）**多方面比较和权衡。** 在选择导师时，进行多方面的比较和权衡。考虑各个导师的优势、劣势以及对自身未来职业发展的影响，综合考虑做出最佳选择。

（12）**保持灵活性和备选方案。** 在选择导师时，保持一定的灵活性，并考虑备选方案。如果无法与第一意向的导师合作，需要有备选的导师或研究方向。

总体而言，选择和联系导师是一个关键的决策过程，需要综合考虑多个因素。除了考虑导师的专业能力和研究成果，也要考虑导师与学生之间的研究匹配度、个性融合、实际条件等方面。通过仔细评估和充分准备，可以找到合适的导师，为自己的研究生学习研究奠定良好的基础。

7. 如何选择期刊进行论文发表

选择合适的期刊发表论文是每位研究者都要面对的重要任务。以下是一些建议。

（1）**确定研究领域和目标受众。** 一开始就要明确自己的研究领域和目标受众。了解自己的研究所属的学科领域，以及希望将研究成果传达给哪些读者群体。

（2）**研究期刊排名和影响因子。** 了解不同期刊的排名和影响因子。排名和影响因子反映了期刊的学术声誉和影响力。一般而言，排名较高、影响因子较大的期刊更具知名度和引用价值。

（3）**阅读相关文献。** 阅读与自己研究领域相关的文献，了解研究者常用的期刊。观察哪些期刊经常出现在所研究领域的文献引用中，这些期刊可能是未来发表论文的候选目标。

（4）**研究目标期刊的主题和范围。** 仔细阅读目标期刊的官方网站或投稿指南，了解期刊的主题和范围。确保研究内容与该期刊的主题吻合，这样可以增加论文被接受的机会。

（5）**评估期刊的审稿流程和要求。** 了解目标期刊的审稿流程和要求，包括论文格式、引用风格、数据共享要求等。确保研究符合期刊的要求，并准备好相应的材料和文件。

（6）**考虑期刊的开放获取政策。** 如果你希望论文以开放获取形式发布，并且期刊支持开放获取，那么考虑选择开放获取期刊。

（7）与导师或同行讨论。与导师、同事或领域内的专家讨论期刊选择的问题。他们可能有对期刊的经验和建议，并能提供有价值的指导。

（8）考虑投稿成本和版面费用。一些期刊可能会收取投稿费用或版面费用。在选择期刊时，考虑你的经济状况和研究经费，并确定是否能够承担这些费用。

（9）考虑出版周期和响应时间。了解目标期刊的出版周期和审稿响应时间。如果希望快速发表论文或有时间限制，可选择出版周期较短且审稿响应时间较快的期刊。

（10）检索和索引情况。考虑期刊的检索和索引情况。一些期刊可能被常用的学术数据库（如SCI、SSCI、EI等）所收录，这有助于提升论文的可见性和引用度。

总而言之，选择期刊应该基于研究目标、研究内容和学术价值，确保论文能够在适合的期刊中得到充分的认可和传播，这样才能为研究和学术发展带来更多的机会。

8. 发表论文的流程是什么样的

1）论文写作

论文发表周期较长，一般为半年左右，需要大家提前确认好选题，在选题过程中可多与导师商量；与导师沟通，进行相应修改；记得查重，不同期刊的查重率不同；切勿一稿多投。

2）期刊选择

大家可以根据自己的评估选择合适的期刊进行投递。一般核心期刊有一定的学历要求，如要求第一作者为博士以上学历等。

3）投稿方式

一般在知网目录页、期刊官网上都可以找到期刊的联系方式（邮箱），或者选择期刊投稿网站平台进行投递。

4）论文修改

论文需要根据不同期刊的格式要求进行修改与调整。同时，不同的期刊要求不同，具体按照审稿人要求进行修改即可。

5）论文发表

论文多轮修改后，期刊编辑校对排版，论文录用发表。

论文从投稿到发表要经历审稿、出版两个周期，包括收稿、初审、外审、终审、退修、终审录用、录用后加工、校对、排版及出版等流程，当投稿时间不甚充裕时，可优先考虑审稿反馈较快、版面资源丰富的期刊。

另外，大家在查重检查时需要谨慎选择查重工具，保证论文发表前的保密性。

二 "大创"项目

1. 什么是"大创"

"大创"，全称为"大学生创新创业训练计划项目"。以四川大学为例，"大创'的相关通知都发布在"四川大学教务处"官网上。在每年第四季度左右，四川大学教务处官网就会发布启动当年"大创"计划的通知，题为《关于启动四川大学20××年度"大学生创新创业计划"项目申报工作的通知》（简称《"大创"申报通知》）。

2. "大创"的分类及流程

截至目前，"大创"主要分为3个项目，即"创新训练（交叉学科/非交叉学科）""创业训练""创业实践"。具体哪些研究可以申报哪一个项目，以及当年项目分类变动、申报和评审程序及具体时间、材料提交方式，均可从《"大创"申报通知》中找到答案。

需要注意的是，"创新训练"项目分为"交叉学科"和"非交叉学科"，两者的申报标准、评议程序和时间、结项标准不同。"创业训练"和"创业实践"两者的申报标准、评议程序和时间、结项标准也不同。

3. 提前结题要求

以下对提前结题项的解释主要是对近年来"大创"项目的总结，具体时间变动、要求变动、项目变动以参赛当年的通知为准。

根据2022年与2023年四川大学大学生创新创业训练计划项目的开展情况，大致总结了"大创"项目的完整时间线（见图1）。

一般"大创"项目在中期检查后，会在次年的9月或者10月完成结题，申请提前结题的项目一般可以提前2个月左右的时间，同时提前结题的项目并不影响评优工作，评优工作将同正常结题的项目一起开展。认定为"提前结题"的项目，可由学院出具"提前结题证明"。

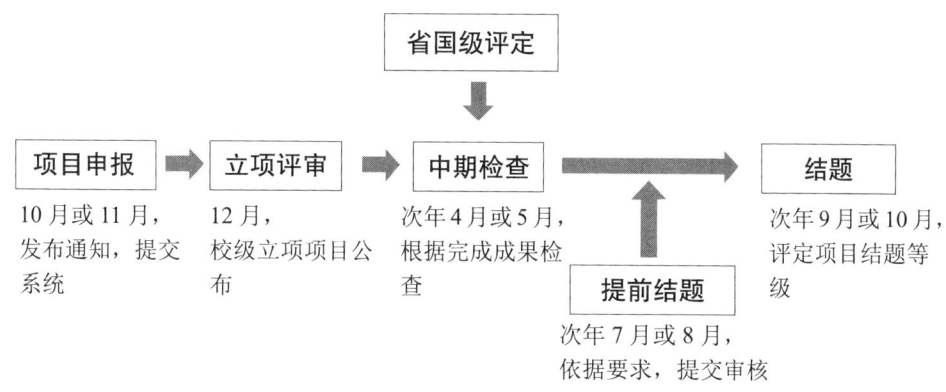

```
                        ┌──────────┐
                        │ 省国级评定 │
                        └────┬─────┘
                             ↓
┌────────┐    ┌────────┐    ┌────────┐           ┌────────┐
│ 项目申报 │ ⇒ │ 立项评审 │ ⇒ │ 中期检查 │ ────────→ │  结题   │
└────────┘    └────────┘    └────────┘           └────────┘
10月或11月，  12月，        次年4月或5月，         次年9月或10月，
发布通知，提交 校级立项项目公 根据完成成果检        评定项目结题等
系统          布            查         ┌────────┐ 级
                                       │ 提前结题 │
                                       └────────┘
                                       次年7月或8月，
                                       依据要求，提交审核
```

图1 "大创"项目的时间线

1）提前结题的项目质量要求

①已完成项目申报书约定的全部工作。

②有优秀的标志性成果。其中，优秀的标志性成果是指以公开发表的学术论文、已获授权的专利（含计算机软件著作权）和科创类竞赛国家级奖项为代表的高水平、高质量、高显示度的与项目相关的研究和实践成果。

2）提前结题的项目申报要求

①填写"四川大学'大学生创新创业训练计划'结题申报书"及相关信息，重点梳理和上传项目成果。

②登录"大创"系统完善"学生活动记录"，并在线填写结题申报书，完成情况以系统提交资料为准。

③负责人需主动联系学院，告知提前结题申报情况。

4. 如何写立项申报书

以四川大学为例，"大创"的立项申请书在教务处发布《关于启动四川大学20××年度"大学生创新创业计划"项目申报工作的通知》时就附有模板文件，整体写作可以按照模板来进行，主要包含四大部分。当然，具体要求和申报书内容以当年模板为准。

第一部分是项目介绍，主要包含研究内容、目的意义、具体目标、国内外研究现状分析及评价等。这部分需要详细讲述该项目的背景及意义，国内外对该领域的研究现状，研究的内容和方案，在最后附注全部的参考文献。若是商

科实证类"大创"选题，可以在研究内容的部分详细描述变量的选择和获取方式、模型的设定。

第二部分是研究技术路线与可行性分析，这个版块可以用流程图对整体研究流程进行展示，可分为准备阶段、研究阶段和结束阶段。同时需要从人员知识能力、理论研究、实践操作、指导老师等部分进行论述。

第三部分是研究基础，这部分主要包含研究动机、已有知识储备、训练基础等。

第四部分是研究计划和进度。整体的内容需要逻辑清晰，可以善用表格、流程图、Mindmap等；内容丰富，尽量包含过程性材料，可多用支撑性的证据来佐证自己的观点。

总的来说，申报书最佳状态是展示出论文中引言（研究背景、研究意义、研究思路与框架、技术路线、创新点）、文献综述、理论基础与研究假设、研究设计（数据搜集、变量定义、模型构建）等章节的内容，并根据模板添加申报书特需的一些信息。

5. 如何写结题申报书

结题申报书主要包含研究过程、研究总结报告、经费使用情况和成果登记。结题报告最主要的内容要放在研究成果上，例如实际研究阶段和状态、研究成果的主要观点或对策建议。

在实证类"大创"中，展现主要描述的主回归结果、机制检验、稳健性检验及最终得出的结论即可，即展现论文的实证结果分析、研究结论与建议等章节的内容，如果能附带论文全文则更好。若有成果产出，可以在成果产出部分填写如发表论文的刊物和发表日期、参与比赛的名字与奖项等。此外，在研究总结报告部分可以详细描述研究的过程，对项目整个研究过程进行复盘和反思，并附上参与的实践照片。

结题结果分为优秀、良好和合格。一方面参考实际研究结果，是否具有含金量的结果产出；另一方面也看结题申报书中对整个项目研究的提炼和佐证，所以结题申报书对结题评级来说也相当重要。

三 各类竞赛

1. 商科学子参加的部分竞赛列表（以四川大学商科学生参加比赛为例）

以四川大学为例，列举商科学子参与较多的比赛，如表9所示。

表9 竞赛一览表

竞赛名称	组织部门	查询网站	办赛时间（仅供参考）
中国国际"互联网+"大学生创新创业大赛	教育部等	四川大学教务处	通常校赛为4—6月，省赛为7—8月，国赛为9—10月
"挑战杯"全国大学生课外学术科技作品竞赛（"大挑"）	教育部等	四川大学校团委	两年一办，与"小挑"间隔年举行，2023年举办"大挑"，校赛通常为寒假结束后的3月举办。专项赛时间据每届情况而定
"挑战杯"中国大学生创业计划竞赛（"小挑"）	共青团中央等	四川大学校团委	两年一办，与"大挑"间隔年举行，2024年举办"小挑"，校赛通常为寒假后(3月左右)
全国大学生电子商务"创新、创意及创业"挑战赛（"三创赛"）	教育部高等学校电子商务专业教学指导委员会	四川大学校团委	寒假后（3月左右）
全国大学生节能减排社会实践与科技竞赛	教育部高等学校能源动力学科教学指导委员会	青春川大	3月左右
全国大学生市场调查与分析大赛	中国商业统计学会等	四川大学商学院	10—12月份
中国大学生服务外包创新创业大赛	教育部等	四川大学校团委	寒假后（3月左右）
全国大学生光电设计竞赛	中国光学学会等	全国竞赛官网	6—7月
"学创杯"全国大学生创业综合模拟大赛	高等学校国家级实验教学示范中心联席会经济与管理学科组等	四川大学教务处	3—4月报名，4月初赛
美国大学生数学建模竞赛	美国科学基金会	四川大学教务处	11月学校组织系列讲座，1—2月比赛
全国大学生数学竞赛	中国数学会	四川大学教务处	4—5月初赛

续表9

竞赛名称	组织部门	查询网站	办赛时间（仅供参考）
全国大学生英语竞赛	高等学校大学外语教学研究会	四川大学教务处	2—3月初赛
"IE亮剑"全国工业工程应用案例大赛	教育部高等学校工业工程类教学指导委员会等	四川大学商学院	10月左右
ACCA全国大学生财智精英挑战赛	ACCA官方	ACCA特许公认会计师工会（公众号）	10月左右
"注协杯"四川省大学生会计技能大赛	四川省教育厅	四川省本科高校学科竞赛平台	10月左右
四川省大学生工业工程创新应用案例大赛	四川省教育厅	四川省本科高校学科竞赛平台	6月左右
四川省大学生物流设计大赛	四川省教育厅	四川省本科高校学科竞赛平台	10月左右
四川省大学生营销策划大赛	四川省教育厅	四川省本科高校学科竞赛平台	5—6月
四川省财经素养大赛	四川省教育厅	四川省本科高校学科竞赛平台	10—11月
四川省企业管理挑战赛	四川省教育厅	四川省本科高校学科竞赛平台	10—11月
四川省大学生ERP数智化企业沙盘模拟经营大赛	四川省教育厅	四川省本科高校学科竞赛平台	4—5月
四川大学学生课外学术科技活动节之案例分析大赛	四川大学	四川大学校团委	3—4月
四川大学学生课外科技节公共健康问卷设计大赛	四川大学	四川大学校团委	10—12月
四川大学心友灵析问卷调研大赛	四川大学	四川大学心理健康教育中心	3—5月
全国大学生数学建模竞赛	中国工业与应用数学学会	四川大学教务处	7—8月

2. 参加科创竞赛，如何组队和选择队伍

1）**群中招募**：通过群中招募途径加入队伍，需要具备什么条件

（1）获奖和参赛经历。 鼓励同学们在低年级时就积极参与感兴趣的竞赛积

累经验，因为组队时队伍更倾向选择有相关比赛经历的同学，如果有相应比赛的获奖经历，需要在简历和简介中写出，最好写上自己在项目中负责的部分，越详细越好。举例来说，如果在大一、大二就参与了"互联网+"并获得了校级奖项，熟悉计划书各个部分的书写，相比于没有经验的同学更有优势。如果没有获奖，有相关的经历也可以作为材料来证明自己相较于他人的更多经验。

（2）**技能**。如果会美工相关的PS、PR或者AI等软件，不要吝啬把自己的技能写在简历和简介当中，最好附上相应的美工作品（PPT，计划书封面内页等）；如果具备和项目相关的数据分析能力，比如熟悉STATA等分析软件，也需要把这样的能力写出来，最好也附上相关的作品作为佐证。

（3）**贡献度**。明晰自己的定位，是熟悉文案写作、案例分析能力强的学术人才，还是会排版、会做PPT的美工人才，或是表达流畅，会辩论的答辩人才。要注意的是，特殊的技能如PS、PR及STATA等数据分析软件的应用能力都是加分项。

（4）**态度**。积极上进、执行力强且善于沟通的队员是一个团队所需要的，时间充裕、做事不划水、获奖意愿强也是组队加码的重要因素。真诚的态度会更容易吸引项目负责人的注意。

（5）**其他闪光点**。如果缺乏1、2两点，大家可以把自己较为相关的其他闪光点表现出来，如学习成绩优异、英语能力强、文献检索能力优秀等。

2）**好友组队**

一般科创竞赛的项目团队需要文案、美工、答辩三种角色，有的项目组还要求调研与数据分析人员。一般来说，可以直接邀请周围个性契合的好友、同学一起参与，当然最重要的是其具有靠谱负责的态度。

如果并没有特别擅长的技能也没有关系，和本专业相关的"大创"、案例分析大赛、问卷调研大赛等比赛，以及公共管理学院、经济学院的比赛，评分标准可能更多看重文案内容与思路，更需要具备认真踏实的态度。美工、答辩和数据分析等工作可以根据性格和兴趣进行分工，参照比赛要求与往届作品进行学习，可以做出质量较高的作品。

3）**跨专业组队**

跨专业组队，可以按照如下方法寻找队友。

（1）赛事交流群。各种赛事一般都会有专门的赛事交流群，比如，在四川大学，SCU竞赛圈、大川小思等平台创办的通用赛事交流群，群内会有人发招募信息，可以根据信息匹配程度投递简历加入队伍。

（2）比赛招募活动。"挑战杯"赛事（"大挑""小挑"）会组织"组队沙龙"活动，"互联网+"赛事会组织"碰创"路演招募活动，可以参加此类活动以加入队伍。

4）如何选择队伍

（1）注重队伍项目的成熟度。和队长进行沟通了解项目进度，再根据自己的意愿和特长选择相应队伍。

（2）关注队伍的组成结构。关注项目组的人员结构是否合理，和项目内容相关的人员是否配备；关注队员的能力，了解队员是否对比赛有经验；关注导师关心和投入这个项目的程度，资源是否丰富。根据这些信息，综合考虑是否加入团队。

3. 创新创业类科创竞赛比赛经验分享

以下比赛经验分享主要是对以往参赛经验的总结，具体规则变动、要求变动、主题变动以参赛当年的通知为准。

1）中国国际"互联网+"大学生创新创业大赛

（1）大赛介绍。

中国国际"互联网+"大学生创新创业大赛（简称"互联网+"大赛），是目前覆盖范围最广、影响最大的赛事活动之一。大赛坚持"以赛促学""以赛促教""以赛促创"的办赛宗旨，旨在深化高等教育综合改革，激发大学生的创造力。

该竞赛主要分为五个赛道，分别是高教主赛道、"青年红色筑梦之旅"赛道、职教赛道、萌芽赛道和产业命题赛道。一般同学们参加的主流赛道为高教主赛道、"青年红色筑梦之旅"赛道和产业命题赛道。每个赛道又分设不同的组别，可以到官网（https://cy.ncss.cn/index）查询。

作为认可度最高的大学生综合性竞赛，"互联网+"的获奖名额相较于"挑战杯"等比赛也是最多的，可参考往年各高校获得的省金项目和推荐国赛的项目。每个队伍人员上限为15个同学，由于是创业类竞赛，因此非常需要经管专业的同学在"市场分析""商业模式""财务预测""融资计划"等方面发挥作用，一般来说，每个队至少需要两个经管方向的同学，因此商科的同学有较大机会参与并获奖。

（2）大赛得分要点和注意事项。

中国国际"互联网+"大学生创新创业大赛需要提交一个路演PPT和一个商业策划书（Business Plan，缩写为BP），主要的得分要点如下：

①市场：市场痛点足够"痛"，市场前景足够好。例如，有比较可观的市场容量，属于"专精特新"产业或者能够解决国外产品的"卡脖子"技术等（也就是从事特定细分市场、有自身独特优势，具有专业化、精细化、特色化和创新能力的项目）。

②技术：技术能够解决上述市场痛点，针对技术有足够多的论文、专利（学生为主要完成人）作为技术壁垒。同时，要注意技术表述需要兼具科学性和通俗性，既要能让评委理解，又要有高端大气之感。

③商业：涵盖盈利模式的可行性、财务融资预测的可观性、未来规划的合理性。目前，商业落地的推进包括是否注册公司、是否入驻孵化园、是否拿到投资意向书、是否收到了企业的产品订单并签署了供货合同、是否已经有银行流水、在全产业链上下游有哪些合作企业等。

④其他：团队配置、专家指导（行业顶尖专家推荐信）、行业认可、媒体报道等。

⑤PPT制作：作为路演答辩的重要环节，PPT是在短时间内让专家评委清晰快速了解项目的关键，因此需要对PPT的内容和美化精雕细琢。在PPT内容表述方面需要注意数据的真实性与重要性。如"产品使用后实现客户成本锐减75%"，需说明在总成本中占比多大与数据来源，是否经过可靠检验，充分体现问题解决对于产品的优化效果。同时PPT的前后衔接也非常重要，抓住社会痛点和用户痛点—技术难点—己方核心技术—社会效果和用户效果的表达顺序，并强化陈述痛点的负面词汇，实现简洁、清晰、醒目的呈现。

⑥答辩：分为PPT路演和专家提问两个部分。PPT路演时需要注重项目负责人的IP打造，可以根据项目负责人的相关经历，围绕项目负责人形成一个感人至深或意义非凡的科研故事、创业故事。同时PPT的美化、答辩时"故事"

是否完整、是否有较强的吸引力也是 PPT 路演评分的重要依据。专家提问环节主要是用于检验项目内容的真实性和对于一些感兴趣的问题的深入推进，涵盖技术、商业、落地等各个方面的内容，可提前准备可能被问到的问题。

（3）参赛建议。

对于刚进入大学的大一新生，如果想参加该类竞赛但苦于没有相关的经验，可以在简历上写明课程的商业分析经历，且尽量给多个项目组投简历。在这个阶段，可以不用关注项目内容，只要能进入项目组即可。大一的课程较多，学分较重，因此不建议大一新生参加太多项目和比赛。新生还是要把主要精力放在课程学习上，保持良好的成绩排名和 GPA。若有幸能够进入项目组，对于不会的任务可以请教学姐学长并与同组的同学加强交流沟通，同时要积极参与组内的会议，主动承担一些日常事务，保持适当的贡献度，争取在团队中的排名位于前八。该阶段主要是为大二和大三上期集中参与竞赛活动积累比赛经验，因此大家不必执着于在大一就实现竞赛获奖。

对于已经进入大二或者大三的同学，课程压力减小，时间和精力较为充沛，可以选择两个及以上的项目参加，增加获奖概率。但需要注意的是，在进入国赛之后，每个同学只能参加一个项目。有了大一阶段比赛经验的积累，此时就可以挑选项目了。互赛的高教主赛道和产业赛道对于创新性的要求较高，因此建议同学们尽量选择理工科方向的项目参加，例如学校里医学、化学、机械、化工等方向的项目。而"青年红色筑梦之旅"赛道对项目的创新性要求不高，更着重社会调研和实践成果，可能需要成员去外地实地调研，这类项目多产于医学、公管、文新等学院。以高教主赛道和产业赛道为例，大家挑选项目的时候可以先关注项目的创新性，即市场上是否有相似的产品，是否有查新报告，项目与命题契合度等；成熟度方面，关注项目是否已经通过了小试、中试，是否已经开始筹划生产，是否已经有合作公司等；专利方面，关注项目负责人有几项专利、几篇高影响因子的论文，整个团队的专利情况和论文情况如何；团队方面，关注项目负责人和其他团队成员是否有参赛经验，团队配置是否合理，需要自己参与哪些工作，指导老师的个人情况等。经验比较丰富的同学可以争取组内前五的排位，深度参与项目，并负责商业部分的任务分配和安排；表达能力和演讲能力较强的同学可以争取答辩者的位置，特别是国赛只能有两位同学上场答辩，建议的人员配置是队长（负责技术部分）和一名队员（负责商业部分）。具体还要根据自己的能力和团队现状安排。

（4）其他。

"互联网+"大赛分为三个阶段——校赛、省赛和国赛。每个阶段的比赛流程通知都会通过官网公示，以四川大学为例，校赛查询"四川大学教务处"，省赛查询"四川省教育厅"，国赛查询"全国大学生创业服务网"。

2）"挑战杯"中国大学生创业计划竞赛

（1）大赛简介。

"挑战杯"中国大学生创业计划竞赛（简称"小挑"），是由共青团中央、中国科协、教育部、全国学联主办的一项具有导向性、示范性和群众性的创新创业竞赛活动，每两年举办一届，与"挑战杯"全国大学生课外学术科技作品竞赛（简称"大挑"）轮流举办。它要求参赛者提出一项具有市场前景的技术、产品或者服务，并围绕这一技术、产品或服务，以获得风险投资为目的，完成一份完整、具体、深入的创业计划。竞赛采取学校、省（自治区、直辖市）和全国三级赛制，分校赛、省赛和国赛进行，校赛一般在1月份开始报名组队。

该比赛有五个赛道，分别是科技创新和未来产业赛道、乡村振兴和农业农村现代化赛道、社会治理和公共服务赛道、生态环保和可持续发展赛道以及文化创意和区域合作赛道。同学们可挑选合适的赛道参与比赛。

（2）大赛得分要点和注意事项。

同为创业竞赛，"小挑"和"互联网+"大赛在市场、技术、商业等方面很多打分点都类似，此处便不再赘述，主要讲"小挑"和"互联网+"大赛不同的地方。

与"互联网+"大赛不同的是，"小挑"非常注重学生的实际参与情况，例如专利、论文方面要求不能挂指导老师的成果，全部成果必须是来自学生团队。若团队成立了公司，要求公司的法人代表为学生团队的负责人，最好有公司成立之后的账面流水。答辩方面，专家提问的时间更长，也会比"互联网+"大赛问得更加细致深入，从而判断学生团队是否实实在在参与了项目，比如会问到某个商业案例的具体过程、采购的具体流程、发票的开具、交税的具体事项等。技术

方面，"小挑"的赛道设置让专家评委更加专业细致，问到技术问题的概率更大。因此，参加"小挑"的同学需要更加注重问题库的准备，在商业和技术部分尽可能地深入。

除此之外，"小挑"的细分赛道也会让评判标准产生较大的差别。例如，科技创新组对创新性判断标准非常高，对专利论文数量也有很高的要求。而生态环保组对创新性的要求相对较低，但非常重视预期的社会效益。

（3）参赛建议。

与"互联网+"大赛不同，"小挑"的人数限制在 12 个人，在校赛阶段甚至限制到了 10 个人，因此在精简团队成员的同时，每个成员承担的工作量会变得更多更重。在获奖概率方面，以四川大学为例，2022 年共获得 9 项省金、6 项省银。"小挑"从校赛开始就限制了每个同学只能参与一支队伍，因此获奖概率相比于"互联网+"大赛较低，但作为受到各方高度认可的国家级竞赛，还是非常值得同学们参与的。

进入团队之后，商科的同学可以主要关注商业部分，多读相关行业的研究报告以及行业龙头企业的招股说明书来了解行业现状，也可尽量理解技术部分，加深对项目的了解程度。

（4）其他。

如果项目已经获得过"互联网+"大赛的国家级奖项，不建议再用同一个项目参与"小挑"，因为比赛的目的就是让更多优质的项目被发掘。"小挑"和"互联网+"大赛本质上是同一类比赛，主办方也不建议同一个项目参与两次比赛。同学们可以多尝试用不同的项目参赛，更加广泛地了解行业。

3）全国大学生电子商务"创新、创意及创业"挑战赛

（1）大赛介绍。

全国大学生电子商务"创新、创意及创业"挑战赛简称"三创赛"。大赛旨在激发大学生的兴趣与潜能，培养大学生创新意识、创意思维、创业能力以及团队协同实战精神，属于国家级竞赛。比赛也分为校赛、省赛和国赛三个阶段，一般校赛在 3—4 月开展，可以在寒假期间就开始组队报名。该比赛主要分为常规类和实战类两个赛道，每个赛道下又细分不同的组别。

（2）大赛得分要点和注意事项。

三创赛不像"互联网+"大赛那么强调创新性，不需要上千亿的市场空间，而更看重创业和实践本身，青睐"小而精"的项目。根据 2023 年的评分标准可以看出，三创赛的重点在于"创新、创意、创业"，就这三点占据了总分的 75%。根据一些参赛者的理解，三创赛可以总结为讲好一个创业故事，并且这个创业故事需要在电子商务上有创新点，在项目策划上有创意点。创业故事本身占 75%，用演讲与文案的方式包装来"讲好"这个创业故事占剩下的 25%。

对于商科学子而言，选择了一个好项目和一个好团队，三创赛就已经成功了一半。那么如何选择一个好项目，或者如何把一个项目做出彩呢？

①分析项目的社会痛点、难点。项目的痛点、难点决定着项目的上限，只有痛点够痛，难点够难，项目的社会价值才越发凸显。

②分析项目的电商融合度。毕竟是电子商务三创赛，在"创新、创意、创业"这三个维度都需要考虑与电子商务的适配度，可以说"电子商务"是这个比赛的核心与灵魂。

③判断技术难度和落实情况。目前的趋势是比赛评审越来越青睐有一定技术壁垒且真正能够落实的项目，而不是一些假大空只会喊口号的项目。在选择项目时可以注意所需的技术是否人人都可以达到，项目有没有一定的实践创业活动。

（3）参赛建议。

三创赛要求参赛团队成员不超过 5 人，推荐"跨学院跨专业分技能"的组队方式，一般 2 名核心技术人员，1 名负责创业计划书的撰写，1 名负责 PPT 的美化，1 名负责路演及答辩。其中，队长既要主持项目，又要合理管理团队。

4. 跨专业科技作品竞赛类比赛经验分享

以下比赛经验分享主要是对以往参赛经验的总结，具体规则变动、要求变动、主题变动以参赛当年的通知为准。

1）比赛概述

这一类比赛非常强调技术或理论成果的硬核程度和切题程度，这两点是这类比赛的首要及重要评分指标。

①"挑战杯"类比赛会给出几个主题赛道，分主题赛道进行项目申报，申

报项目的技术或者理论研究成果一定要切题，并有扎实的技术基础。

②节能减排竞赛一向以节能减排为大主题，以当年节能减排的细分主题为小主题，要求技术硬核且和节能减排主题高度相关。

③光电设计大赛要求创意性、新颖性或者有价值意义（社会价值、人文关怀、科技温度、节能减排等），技术硬核度可以不像前两个那么高，但成员技术水平高一定是加分项。

2）如何参赛

节能减排竞赛在每年的 3 月份左右会举办校赛，经过选拔之后可直接由学校推选到国赛，不需要通过省赛这个环节。虽然可以直接推选到国赛，但是该比赛主要由理工科的同学参加，需要商科同学的项目很少，同学们可以和认识的理工科同学一起参加。需要注意的是，如果国赛失败没有名次，团队就只有校赛成绩。

3）比赛内容

该比赛的主要内容是评比项目说明书以及相关核心技术的支撑材料。由于该比赛的专业性比较强，项目申报书相比于其他创业大赛的申报书会更加严谨，更加偏向技术。该比赛为团体比赛，比赛类别主要分为科技类和社会实践类，商科的同学可以尝试自己组队参与社会实践类的赛道，也可以参与科技类项目的团队并担任团队中的答辩手或者完成商业部分的撰写（商业部分的需求比较低）。初赛一般为提交项目说明书，进入答辩环节之后需要制作两版PPT，一版为网评版，一版为路演版。有时，比赛也会需要参赛者提交项目的视频介绍，可以招募一些会视频剪辑美工的同学加入团队。

4）商科学生可能的贡献

在这类比赛中，商科同学能够做出的贡献是：①深入挖掘科技作品背后的社会意义及商业价值，使它与当期赛道主题更加贴切。②进行商业维度的分析，说明技术成果的商业优势，比如成本低、经济效益高（不止局限在收入，比如其他非财务效益）；同时可以给技术成果定价，完成商业转化的初步构想，进行竞品分析、市场分析等基础分析。

5）比赛亮点

同学们在选择参赛的时候，虽然技术的硬核性非常重要，但是技术能够带来的价值、意义、感情和奉献等精神维度的思考同样受到主办方关注。科技比赛的主办方都希望激励同学们去思考"用科技改变生活，用科技让生活变得更美好，用科技服务社会"这类问题。

6）比赛得分点

①与国家所提倡的发展目标有一些直接或间接的联系；②有应用价值，能带来节能减排效益；③有一定的技术壁垒，具有可持续的研发能力和创新能力。

7）说明书撰写思路

研制背景及意义—关键问题解决方案—技术实现—社会效益与未来展望。

8）注意事项

需要注意段落格式、字体类型、字体大小、引用公式的符号与字体（可以使用 LaTex）、图片附注与引用。

5. 专业科技作品竞赛类比赛经验分享

以下比赛经验分享主要是对以往参赛经验的总结，具体规则变动、要求变动、主题变动以参赛当年的通知为准。

这里由一名参加过"东风日产杯"清华 IE 亮剑工业工程应用案例大赛并获得国家级特等奖的同学，以该比赛为例进行分享。

1）比赛特点

该比赛为工业工程专业性质比赛，比赛内容主要为工业工程相关知识的应用案例的分析和优化，综合使用生产计划与控制、设施规划、物流分析、系统仿真、工作研究等专业知识，且会根据案例的实际情况有所侧重。初赛形式为提交工业工程相关的案例报告，报告进行专家盲审；决赛形式为现场答辩。因此，报告本身的质量非常关键，其内容重点为工业工程在实际场景中的应用。总的来说，参赛者案例的选取、专业知识与能力的综合运用非常重要。

2）得分点

①相关案例符合参赛要求，与工业工程紧密相关。

②最好运用一些经典的工业工程方法，建议在案例问题分析和前半部分使用。

③需要 IE 优化思想，且有改善前后的数据对比和分析。

④后半部分需要一些亮点和创新，如较好的算法、仿真、建模等，呈现的

方式也尽量美观、丰富。

⑤每年案例提交的时间基本固定，因此建议在收到正式通知前就开始准备案例，否则时间会很紧张。

⑥比赛较为偏好传统工业工程应用场景，因此案例选取时可多参考专业课内容及思路。

⑦案例完成时注意分工，可一人主攻一个方面，注重编程、建模与仿真的具体实现。

⑧方案注重整体的完成度以及与工业工程的实际应用，一定要把专业知识、编程、建模、仿真进行有机串联。

⑨案例选题及完成方案时多与指导老师等沟通，防止偏题。

3）失分点

①**案例分析不到位，问题和优化意义没有阐述好。**

②运用的 IE 方法都很传统，套路化，没有创新。

③呈现方式不够丰富，答辩效果不佳。

④案例准备时间不足，方案完成度低。

⑤只抓住编程、建模或仿真技术中的一部分，没有将其与工业工程的实际应用有效联系。

⑥方案偏离工业工程主题。

4）关于能力

①重视编程、建模、仿真三方面的能力，可参考"数据结构与算法分析""算法基础实验""智能调度实验""系统建模与优化综合实验""系统仿真实验"等专业课程。

②部分涉及的课程开设在大三学年，与比赛时间不契合，可提前自学，如仿真学习软件 FlexSim、Simio（两个仿真软件掌握好一个即可）。

③案例选取及专业知识来源需重视专业课学习，如"设施规划与物流分析""人因工程""生产计划与控制"等。

6. 案例分析类竞赛比赛经验分享

以下比赛经验分享主要是对以往参赛经验的总结，具体规则变动、要求变动、主题变动以参赛当年的通知为准。

1）常见的案例分析类竞赛

（1）四川省大学生营销策划大赛。

这个比赛分为线上数字营销沙盘和线下营销策划方案。其中，营销沙盘可参考经营模拟类比赛的经验。线下营销策划方案在结构上可以参考"现象及背景—调研设计—消费者分享—案例分析（公司情况，SWOT分析，STP分析，4P分析）—问题与挑战—建议"的模式，或参考财经素养大赛所提及的结构。该比赛相比其他比赛更偏重营销和市场营销专业的同学组队，将更有针对性。此外，美工需注意表格和图片的颜色，尽量达成统一，使之更美观、协调。

（2）ACCA全国就业力大比拼。

初赛一般考选择题。系统抽取100道，每一个题都有时间限制，队伍需要注重正确率，因为错一个比赛就结束了。不过，初赛考核方式和内容这几年有一定的变动。

复赛和决赛对英语能力的要求很高，英语口语强的同学能在这里更好地发挥自己的价值。决赛需要项目成员脱稿讲案例。因此，不太建议大一学生参赛，因为很多知识点还没有学到，也没有搭建起学科知识框架，更不太了解高级模型。此外，获奖小组的PPT大多做得美观漂亮，这也是一个重要的评分项。

（3）案例分析大赛。

初赛考查的是选择一个行业、企业、经济现象进行案例分析。得分要点在于以下几个方面。

①选题新颖独特：可以根据当时的热点（比如北京冬奥会吉祥物），或者新兴比较火的话题（比如人工智能），或者发展得比较好又不过时的话题（比如新能源汽车等）选择主题，多从新闻或者经济类文章中寻找灵感。

②整体框架明晰，基本分析全面。内容上多为文字分析，整体框架结构要完善有逻辑，可以从引言、环境分析（宏观、微观）、行业分析、商业模式、公司问题、展望等入手。

③有针对性分析，重点深入刻画。对所选的案例也要有针对性地细致分析，要有自己的见解。比如，队伍发现了某个公司存在的一些问题，那就要对这个问

题进行深入解剖。但解析重点要放在自己的选题上，要和选题相匹配。

④可以用数据或者图片支撑。对于PPT的呈现，不要只有文字，还要有图片，因为图片既可以起到阐释作用，又可以起到装饰作用；同时还可以加入一些报表，结合数据可以更直观地了解这个行业以及企业目前的状态。

⑤决赛答辩。答辩内容要跟自己的选题相契合：需要多分析，多突出重点。前面的介绍不要过多，注意答辩时间。在询问环节的回答也要有逻辑，要明白老师考查的知识点在哪个版块。

（4）四川省财经素养大赛。

四川省财经素养大赛赛程设置包括初赛、复赛和决赛。初赛主要为个人限时答题，每个人作答后计算团队平均分并以此为标准选拔进入复赛的队伍；复赛则是选择其中一个给定的案例，形成案例分析报告、PPT及其他形式的作品，评委对各个团队的作品进行盲评打分，评定获奖等级；决赛则是由复赛成绩前十名的队伍进行案例展示和答辩，以给出答辩成绩并决定奖金等级。

初赛的题目均为选择题和判断题，但由于考查范围广，一般很难准备全面。因此，最关键的是做好时间管理，遇到拿不准的题目不要纠结太久，遇到不会做的题目也不要留白。

复赛的题目包括必做题和选做题。必做题一般是党政与财经结合的开放性问题；选做题则是在给定的两个案例中任选一个进行案例分析。必做题要注意不能硬套理论，要将理论与财经知识结合，提出有见地的观点；选做题要体现自身作品的亮点才能从几百份案例中脱颖而出。值得一提的是，一部分团队由于擅长STATA、Python等软件，对题目进行数据搜集和分析，发现了一些有现实意义的结论，从而吸引了评委老师的关注。因此，注意在做数据分析的同时想清楚为什么要做数据分析，不要为了做数据而做数据分析，要立足于实际意义。另一个值得关注的点是美工的重要性，一份排版美观的作品肯定是加分的，而如果其中有具体的创意则会更容易吸引评委的关注。

排版和美工： ①WORD文档整洁美观即可；②PPT可以着重美化。

组内分工： ①复赛的准备时间比较紧张，组长需要安排好进度，也需要承担更多的责任；②非财经专业的同学也可以帮忙撰写，通过读文献和查资料完全可以弥补专业知识的欠缺。

决赛答辩的形式多样，比如可以演话剧、拍视频等，但这些形式都必须建立在把团队的案例分析展示清楚的基础之上，不要只为了吸引眼球搞很多花样而忽视了案例展示的本质。在展示内容清楚的情况下，还可以采用综合多元化的形式，如采用"视频＋报告＋PPT"的"1+1+1"模式，最大限度地展现研究成果。甚至可以将研究成果通过二维平面的文字和三维立体的视频来展现。展示方式主要根据小组人员配置和时间取舍来决定。

2）案例分析类竞赛的总结

（1）这类比赛的共性。

案例分析是通过给定同一个或几个可选择的案例情景，考查学生通过专业知识和专业技术多维度、多角度、全方面、完整地思考和解答的能力。其考查重点包括以下几个方面。

①体现专业知识，运用专业技术。

②多维度、多角度、全方面、完整的思考框架。

③作答时的语言表述要体现出上述两点。

④在前三点基础上，如果还能加入一些新颖的思考结论、新颖的思考角度，就会额外增添亮点。

⑤对于标明了大学生群体的比赛，作答时不要忘记自己的学生视角，主办方希望学生通过"分析学习这个案例，将收获运用在自己身上，指导自己大学生涯发展"。

（2）这类比赛的易失分点。

在这类比赛中，比较容易疏忽的点在于最后的作答与展示汇报。很多同学在文稿和文字运用上精练独到，但转化为向评委汇报，由于时间不足、想呈现的内容太多、思考维度太大而无法呈现出良好效果。

展示汇报时要做的是：

①"抓住主干，大刀阔斧删除多余枝干。""主干"是你最大的亮点，如果你认为思路完整、思考充分是你的亮点，那么你的主体脉络一定要讲完，把脉络的形态向评委老师呈现出来；如果你在某一个环节进行了独到的创新性思考，那

么其他环节可以快速带过，重点讲你做得最好的部分，专门介绍创新点和特色亮点。讲的时候也不用过于含蓄，可以直接点出"我们小组的核心亮点在于思考脉络非常全面""我们小组创新地运用了什么方法解决了什么问题"。

②"动之以情，晓之以理。"不要为了比赛而比赛，而是用比赛指导实践、反映社会现实、呼吁社会关注、表达内心情感和群体的偏好趋向。因此，汇报中要有一两句讲述你做这个研究、这个分析的参考价值和现实意义。

7. 问卷调研报告类竞赛比赛经验分享

以下比赛经验分享主要是对以往参赛经验的总结，具体规则变动、要求变动、主题变动以参赛当年的通知为准。

1）几个常见的问卷调研报告类竞赛

（1）全国大学生市场调查与分析大赛。

①慎重选择主题：多角度多方向思考，集思广益，再选择主题。

选择主题的时候可以参考正大杯的文件，如《正大优鲜，如何成为顾客"优选"？——以正大优鲜为例的社区生鲜超市用户体验优化策略报告》；也可以结合部分时事热点，如《寒冬奥赛冰墩热，盛夏蓉城大运传——赛事吉祥物经济调查研究》；还可以寻找某些社会民生的关注热点，如《借问"九价"何处有？——关于成都市成年女性HPV疫苗的接种情况及接种意愿调研》。

②结构清晰，逻辑合理。可以多参考往年的获奖作品，从而梳理出自己的结构。要注意一些必要的版块：预调查、质量控制、模型分析等，内容需要包罗万象。

③目录清晰，标题统一。目录需要包含表目录和图目录，附录等也不可以少。注意各种小标题的编排，可以采用字数一致，或者化用文学句子等方式使小标题更协调、一致。

④问卷需要数量多，覆盖面广。往年一些平台有提供优惠券，参赛选手在对应的平台问卷网收集问卷特别方便，每个队员都可以注册、领券。如果没有优惠券，则需要大量发布纸质问卷。另外，调研时标题可加个"成都市""四川省"之类的范围。

⑤字数控制：要求是两万字，如果字数过多，可以采取图表、图片形式节省

字数。

⑥模型分析部分要丰富：数据处理软件的学习使用方法可以参考前文。

⑦人员配置：尽量都是商科专业的同学，并且每个人都要能写。可以专门招一个美工，但美工的任务一般比较少，只需要进行一个封面设计和页面设计，如果既是商科又懂美工就更好。

（2）四川大学"心友灵析"心理问卷调研大赛。

①比赛介绍。

四川大学"心友灵析"心理问卷调研大赛作品以问卷调研报告的形式呈现，意在引导广大同学关注心理健康、分析心理问题根源并提升心理调适能力。同时，运用适当的调研手段及统计学方法进行调研分析，有助于同学们提升研究分析能力，学以致用，认识和解决自己及同学群体中出现的心理现象及产生原因，强化知识迁移及转移能力，达到教学相长的目的。

比赛包括预赛、初赛和决赛。预赛为根据所选赛道设计并提交调查问卷，初赛内容为提交调研报告，决赛内容为作品展示及现场答辩。

②得分要点和注意点。

预赛阶段就需要对调研主题进行深入理解，选择最感兴趣的主题赛道，充分查阅文献，了解现有研究情况，找到最契合和有价值的调研点，设计好调查问卷。提交的内容是调查问卷及1000字以内关于问卷设计的说明。

初赛的调研报告有得分标准的说明，在完成调研报告的过程中需要按照标准完成。问卷数量需要达到一定数额，并且需要进行预调查的步骤。如果样本量过少，会导致结果出现偏差，结论可信度低。对于数据分析的模型，可以参考知网上相关模型的运用，做到有理有据、恰当合理。

在决赛现场，PPT制作要简洁明了、风格突出，可以不用设置动画和特效。汇报的时候大方自信，可以跟老师进行眼神的互动，控制汇报时间；内容上采取总分的形式汇报，这样评委更容易获取PPT中传递的观点和内容。在答辩的时候，要条理清晰，对于老师提到的问题，可以结合打印出来的调研报告进行回答，同样可采取总分的结构进行答复，不说废话，切合老师的要点进行回答。

2）问卷调研报告类竞赛总结

（1）选题。

全国大学生市场调查与分析大赛较为看重选题，选择一个新颖的主题能大大提高获奖的概率。这类比赛一般是给定一个或可供选择的几个主题，或者让参赛者自行选题展开调研，其目的在于引导学生加强创新和实践，培养学生的社会责任感和团队协作精神，重点在于考查学生的组织、策划、调查实施和数据处理与分析等专业实战能力。

选题是非常重要的一环，好的选题可以直接让你的作品脱颖而出。在选择选题时，主要考虑四个维度：应用性（选题是否有应用价值，包括商业价值、社会价值、管理应用价值等），操作性（选题中的数据是否可获得，调研成本是否可控，时间长短等），创新性（选题是否有创新的视角、创新的数据分析手段等），时效性（选题是否是当下的热点问题或现象）。

（2）报告思路。

要了解报告思路，可以通过关注官方公众号，观看推送的全国获奖作品的视频，了解从背景到问卷设计、从数据分析再到结论的各个流程，设计出自己的调研报告框架。一般需要进行线上问卷与线下调研，完成问卷设计、抽样方法、信效度分析、描述性统计、交叉分析以及模型分析等部分。

（3）软件技能。

数据分析部分最好采用 SPSS、SPSS Pro 等软件，功能较齐全，操作也比较简单；还可以使用 Python、Tableau 等软件进行词云分析、可视化分析、模型分析等。

（4）问卷数量。

问卷收集部分样本数量越多越好，除了在 QQ 空间、朋友圈和各大社 QQ 群、微信群中转发之外，还可以使用问卷网或者问卷星的互填功能收集样本。

（5）注意图文并茂和美工设计。

数据分析部分需要穿插丰富的图表，而美工设计则主要集中在封面和内页设计。

（6）比赛的共性。

首先，需要有一定的问卷调研基础。关于问卷题目、选项的设计需要合理。其次，分析回收的问卷结果需要有一定的计量基础，选择合适的计量模型。最后，文字表述和排版也需要注意，文字表述简洁凝练，避免过于口语化；排版美观而不杂乱。此外，在选择队友的时候，可以找有相关比赛经验的同学进行组队，并在答辩之前需提前预想老师可能提出的问题，准备好怎么回答。

（7）比赛易失分点。

首先，要注意细节，调研报告上不应该出现错别字、乱码等现象；其次，注意报告格式的规范性和报告内容的学术性，答辩时展示的PPT要体现专业性；最后，回答评委提问的时候注意要有逻辑。

8. 系统模拟经营类竞赛比赛经验分享

以下比赛经验分享主要是对以往参赛经验的总结，具体规则变动、要求变动、主题变动以参赛当年的通知为准。

ERP沙盘比赛是一个模拟企业运行和市场竞争的平台，团队成员将作为一家企业的高管团队进行采购、生产、销售、营销，努力在市场中获取竞争优势。对于第一次接触该类比赛的同学来说，最重要的是研读规则，尤其应注意以文字描述的规则细节，熟悉软件、规则和整个流程的运作，注意操作中的细节，例如开发的资质、采购生产的时间等，在比赛中尽量不要有操作上的失误。

比赛技巧方面，不同的比赛有不同的规则，年份和初始资金也各有差异。此类比赛的共通点是，首先需要根据规则去研究不同产品的盈利能力、订单量和市场竞争程度，制定融资和市场的策略，再根据自己的策略提前计算生产线和采购数量，将生产线建设与产品的投资时间进行匹配。此外，需要根据场上形势灵活应变，一旦场上未能按照预期进行，小组需要及时更改策略，避免陷入无法挽回的被动局面。

此外，在实操中还需要注意以下两点：

①前期的广告投入相当重要，获取更多的订单，可以帮助企业在前期积累优势。广告费用的投放需要看市场是否存在供大于求或者供不应求的状况进行调整。

②战略方面，新手可以在贷款和产品的选择上稍微保守一点，例如前期只开发一两个产品，专攻一个市场。后期可以试验一些激进的打法，例如把长期贷款额度"拉满"，多进行产品开发或市场开发。这类比赛的灵活性很高，没有固定的模式，需要同学们根据不同情况灵活调整。

9. 数学建模类竞赛比赛经验分享

以下比赛经验分享主要是对以往参赛经验的总结，具体规则变动、要求变动、主题变动以参赛当年的通知为准。

数学建模类竞赛的目的在于激励学生学习数学的积极性，提高学生建立数学模型和运用计算机技术解决实际问题的综合能力，主要考查学生的数学思维、编程能力、写作能力、创新意识和团队精神。

由于这类比赛会要求学生建立数学模型，建议学生在学习微积分和线性代数之后参加，且赛前还应学习与比赛相关的各项技能，例如，熟悉各类数学模型，掌握一门或几门编程语言，学习论文排版和图表绘制等。虽然比赛赛程只有三天，但准备的时间往往长达几个月甚至更久。

1）关于组队

一般来说，队伍中需要有建模手、编程手和论文手。建模手主要负责建模部分，在分析赛题后，给出解决问题的建模方案；编程手主要负责算法部分，根据建模手建立的数学模型，编写代码、程序，需要掌握 MATLAB 软件，有时也会用到 Lingo、Python 和 SPSS 软件；论文手主要负责完成论文、排版与图表美化。当然，实际参赛过程中，角色互有交叉，一些相对简单的问题可以交给论文手来完成，或是建模手和编程手一起主攻解题模型，或是三人各自研究问题并撰写论文，节省交流思路、搜索资料的时间。总之，每个人至少擅长建模、编程、写作中的一项，同时对其他项也要有一定的了解，这样才可以在比赛过程中灵活分配任务。

2）关于选题

（1）美国数学建模竞赛。

① MCM[1]：对参赛者的数学模型素养以及建模能力要求较高，一般 A 题为连续问题，B 题为离散问题，C 题与大数据和数据挖掘有关。

② ICM[2]：涉及的问题较宏观和复杂。对于参赛者把握问题主线、权衡宏观与微观、整体与细节的能力要求较高。一般 D 题为运筹学、网络科学问题，E 题

---

[1] MCM：Mathematical Contest in Modeling，数学建模竞赛。
[2] ICM：Interdisciplinary Contest in Modeling，交叉学科建模竞赛。

为环境、可持续发展相关问题，F 题为政策、策略类问题。一般来说，C、E、F 题相对好上手，而其他题目更多涉及专业知识。如果队内对某道问题有较多的了解和思路，同时也可以搜集到较多文献资料，可以选择更擅长的题目；如果没有，建议着重阅读 C、E、F 题，从中选择一道作答。

（2）中国大学生数学建模竞赛。

本科生组题目有三道。A 题一般为物理、工程类问题，专业性比较强，通常有一个最优解的标准答案。B 题一般都为开放性题目，变化较大，会涉及物理题、图论、数据挖掘等。C 题多为经管、运筹、统计、数据分析，一般考查的背景比较贴近生活，理解起来较为容易；运筹优化类问题一般没有最优解，结果合理即可，选这类题的人数也是最多的。一般来说，学习过统计学、线性代数、SPSS 的商科同学相对更擅长 C 题，C 题也更好上手。当然，队内若有擅长其他问题并能给出思路的同学，更推荐选择擅长的题。

3）技能学习

一般商科的同学参加数模竞赛承担的是论文手的角色。

排版方面，可以使用往年的模板，通过 Word 或 LaTex 排版。LaTex 在图表插入、各级标题设置方面更加方便。如果使用 LaTex，可以下载 Texstudio 软件，窗口功能比较友好；也推荐使用 Overleaf 在线网站的模板，它允许多人共同编辑，也不占内存，使用起来非常方便。

美工方面，PPT、Xmind、Edraw 可以绘制出好看的图表，事先了解往期美赛获奖作品，并将图表收集起来，比赛中可以模仿图片排版和色彩搭配。

建模方面，商科的同学最好能够了解基础的建模知识。比较经典的建模学习书籍包括姜启源、谢金星、叶俊编写的《数学模型》和司守奎、孙玺菁编写的《数学建模算法与应用》。此外，论文可以学习 SPSS、SPSS Pro 等软件中的回归分析、模型分析以及差异性、相关性分析等操作，承担起一些相对简单的工作。

如果每个团队的模型和数据结果差距不大，论文质量就完成了决定胜负的关键。因此，建议论文写作的同学学习 LaTex 进行论文排版。

数学建模比赛模型分类及常用模型如图 2 所示。

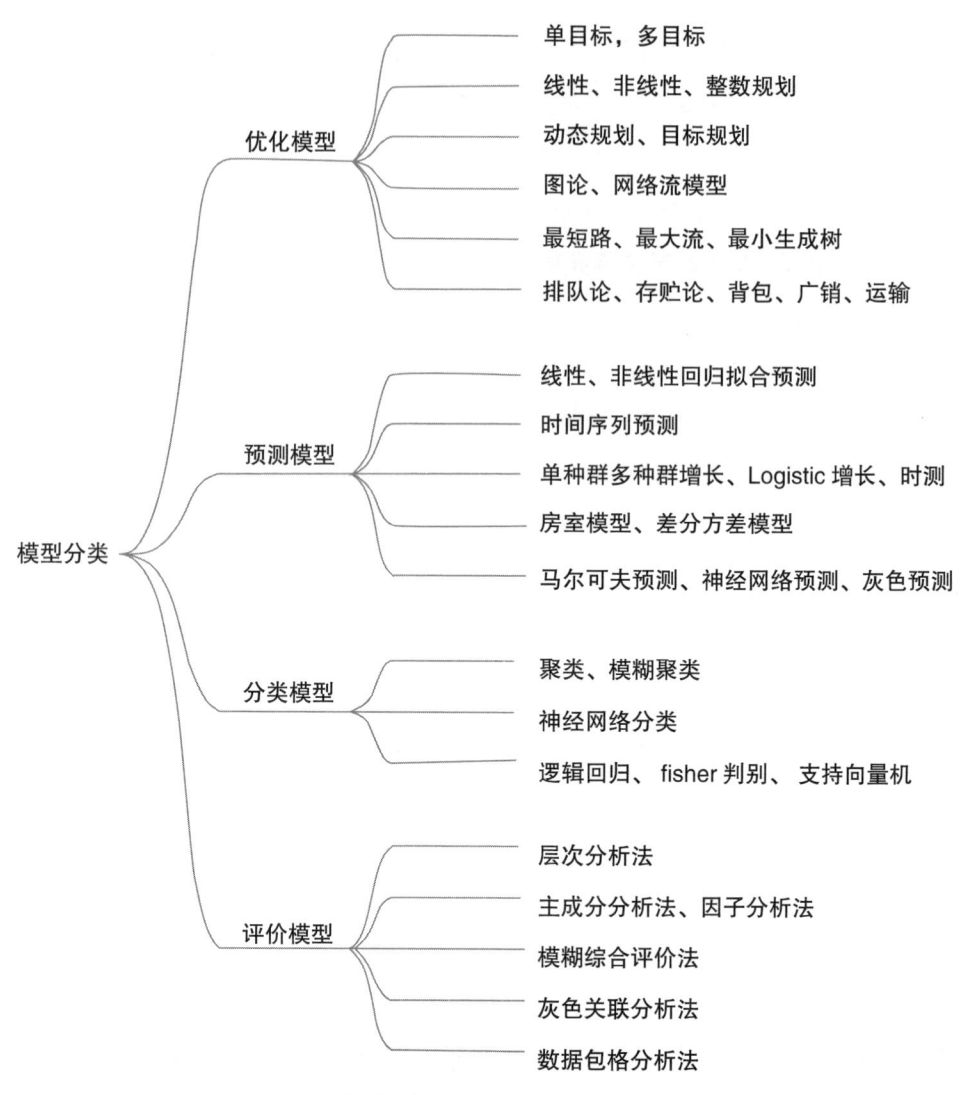

```
模型分类
├── 优化模型
│   ├── 单目标，多目标
│   ├── 线性、非线性、整数规划
│   ├── 动态规划、目标规划
│   ├── 图论、网络流模型
│   ├── 最短路、最大流、最小生成树
│   └── 排队论、存贮论、背包、广销、运输
├── 预测模型
│   ├── 线性、非线性回归拟合预测
│   ├── 时间序列预测
│   ├── 单种群多种群增长、Logistic 增长、时测
│   ├── 房室模型、差分方差模型
│   └── 马尔可夫预测、神经网络预测、灰色预测
├── 分类模型
│   ├── 聚类、模糊聚类
│   ├── 神经网络分类
│   └── 逻辑回归、fisher 判别、支持向量机
└── 评价模型
    ├── 层次分析法
    ├── 主成分分析法、因子分析法
    ├── 模糊综合评价法
    ├── 灰色关联分析法
    └── 数据包格分析法
```

图 2 数学建模比赛模型分类及常用模型

4）评分标准

参考过来人的经验，总结评分标准有以下要点：一是解答的完整性，国赛更注重规范程度和标准程度，每一问都必须给出解答，才有可能获得较好的奖项；美赛评奖规则允许不对所有问题进行解答，个别题最后实在做不出来（但往往最多允许一小问），也不会太影响评奖结果。二是最终结果的准确性。国赛的部分题目是有标准答案或者答案范围的，答案越接近实际情况得分越高；美赛对于答案的精确度相对要求低一些。三是思路，国赛中思路及方法的创新能起到锦上添

花的作用；而在美赛中，相比标准答案更看重思路和方法。当然，无论参加美赛还是国赛，都推荐阅读往年优秀获奖论文，不仅可以了解摘要、目录等部分的写作规范，还可以积累建模方法与算法知识。

10. 全国大学生数学竞赛比赛经验分享

以下比赛经验分享主要是对以往参赛经验的总结，具体规则变动、要求变动、主题变动以参赛当年的通知为准。

作为一项面向本科生的全国性高水平学科竞赛，全国大学生数学竞赛为高校学子提供了一个展示数学基本功和数学思维的舞台。竞赛题目分为数学专业类竞赛和非数学专业类。其中，数学专业类竞赛内容为大学本科数学专业基础课的教学内容，数学分析占50%，高等代数占35%，解析几何占15%；非数学专业类竞赛内容为大学本科高等数学课程的教学内容，包括函数、极限、连续、微积分、向量代数、空间解析几何、无穷级数等内容。

在准备该项竞赛时，同学们可以首先使用课堂的微积分教材充分复习基础知识点，修读数学一的同学更有优势，修读数学二、数学三的同学还需要补充学习新的知识点（主要是三重积分和曲面积分部分）。在对基础知识进行复习后，可以进入提高阶段，提高阶段可以使用蒲和平的《大学生数学竞赛教程》和陈兆斗、郑连存、王辉、李为东的《大学生数学竞赛习题精讲》作为学习资料，书籍上有详细的知识点和各类公式，同学们可以对知识点进行较为全面的复习。此外，对真题进行充分的了解也是十分有必要的。建议同学们反复练习近五年的真题，在官方网站和公众号上可以下载真题，完成真题练习后进行总结和整理。

11. 全国大学生英语竞赛比赛经验分享

以下比赛经验分享主要是对以往参赛经验的总结，具体规则变动、要求变动、主题变动以参赛当年的通知为准。

商科类的同学主要参加的是大学生英语C类竞赛，这里主要进行C类考试的经验分享。

许多同学考完大英赛出来的第一句话都是说"没写完"，这个词概括了大英赛的特点——题量大。要说大英赛的难度很大，其实不然，很多人感觉和

六级差不多，甚至更简单。大部分人难拿高分主要是因为考试过程中没有把握好时间，题没有做完。如果你是初战大英竞赛，那么必须翻阅往年真题，了解题型构成和数量占比；如果你是再战大英竞赛，那么同样也需要回顾真题，重新获得做题手感，提高答题速度。除真题以外，全国大学生英语竞赛的官网上还有其他学习资料，可以帮助我们更好地了解考卷的组成。

以下经验分享以最近某年大英竞赛的备赛为例进行总结，具体题型变化以考试当年为准。

①听力分为选择和填空两部分，总体语速和难度与四级听力差不多，如果你正在备考四级，那么可以不单独练习大英竞赛的听力。此外，大英竞赛的听力除了 Section A 外都是事先给问题的，所以难度更低一些。填空题部分只要认真跟着听，基本能答出原词或近义词，不过要保证每一个单词都拼写正确；另外要认真审题，看有没有词数限制（一般在 Summary 题）。现在听力部分的所有题目都只播放一遍录音，因此听的时候就要仔细听，尤其是填空题，如果有没听清的地方也不要纠结，继续听下面的内容，以防再错过下面的。另外在做听力的同时可以赶紧填好答题卡，以免最后时间来不及。

②选择题会涉及各种语法、单词、短语、俗语。这个比较依靠平时的积累和语感，不过不会也不要空着，猜一个也有一定的概率答对。

③完形填空也比较注重单词的积累，同时要理解上下文，注意语法，如时态、三人称单数等。

④阅读理解其实比较简单，问答题即使看不懂也可以直接摘抄原文。但阅读题的题型并不固定，大家可以多看几套历年真题，看看都出现过哪些题型，着重练习自己不擅长的题型。

⑤翻译有英译汉和汉译英两个部分。现在都是翻译一个完整的段落，并且没有提示；有时需要结合上下文进行翻译。

⑥改错题现在也变成了改一个完整的段落。一般来说，一句话或者一行文字里会有一个错误。一般错误有改变单词形式（单复数、名词改动词、形容词改副词等），主动被动错误，介词使用不当等。另外，注意改错题要按照要求的格式来进行修改。

⑦IQ 题其实有运气成分。可以先扫一眼题目，会的就做，如果会做一般也不会花费很长时间，没有思路的就跳过，留出时间做其他题。

⑧作文有大作文和小作文两篇。小作文一般就是分析图表，先总体概述图表表现的内容，再具体分析最高点、最低点、上升下降的趋势等。可以事先积累常用的单词、短语、句型等，一般把图表的重要信息描述完就足够了。大作文一般是议论文，考试之前一定要看看历年真题的作文，总结作文模板，可以尝试自己写一下前一年真题的大作文，对照答案修改提升，再背一背经典句、经典短语衔接词等，用一些复杂句型。另外，一定要看清楚题目要求，注意时态问题。最重要的是，要辩证分析，从多角度看待问题。

⑨关于做题顺序，有很多人推荐不同的做题顺序。如果能全部写完，顺序其实不太重要；但是如果写不完，顺序和取舍就非常重要。英语水平高的同学按照题目顺序写下来是完全来得及的。对大多数同学来说，建议先做几份真题检测一下自己的水平，如果在规定时间内写不完可以适当将作文提到前面写，将自己拿分没有把握且题量较小做起来比较快的题目如选择题、改错题、IQ 题放在最后。当然，这样做的弊端就是作文时间容易被无意识拉长，最后剩下的题目也来不及写，所以，对每个部分分配多长时间一定要心里有数，不要死磕某些题目，要有全局观。

最后，英语学习是非常注重积累的过程，是不可能一蹴而就的，希望除了为了在大学生英语竞赛获奖而临时抱佛脚外，大家在平时可以通过各种轻松的方式学习英语，提升单词积累和语感。

12. "注协杯"四川省大学生会计技能大赛比赛经验分享

以下比赛经验分享主要是对以往参赛经验的总结，具体规则变动、要求变动、主题变动以参赛当年的通知为准。

（1）比赛特点。 这个比赛初赛的形式是知识竞赛题和操作题，操作题形式类似于会计信息化实验和财务大数据分析与实验两门在大三开设的课程，按照初赛得分选拔入围，决赛形式为财务分析报告。

（2）得分点。 ①赛前会开放系统让各团队训练，大量的练习是比赛成功的关键，如果修读过会计信息化和财务大数据分析与实验的课程对于比赛也会是一

个加分项。通过练习，提高做题速度和准确性。②比赛时注意分工，可以一人主攻一个方面，把某一类型练习到炉火纯青，比赛时分工协作，可以提高备赛效率。③比赛时间很短，所以做题速度是关键，不要被题目卡住，先做完，再保证正确性，最终结果可能会好一点。④决赛的财务分析报告要充分利用会计电算化系统和财务大数据系统，生成直观的可视化报告是得奖的关键。

（3）失分点。①练习不够，做题不熟练；②被难题卡住太久，没有利用好时间；③财务分析报告过于传统，没有利用好可视化分析软件。

13. 大学生会计技能大赛比赛经验分享

以下比赛经验分享主要是对以往参赛经验的总结，具体规则变动、要求变动、主题变动以参赛当年的通知为准。

（1）比赛内容。三个人为一个队伍。初赛为"理论部分＋业务操作考核"（金蝶云星空平台＋金蝶轻分析平台），决赛是案例分析。初赛和决赛同一天进行，需要提前准备决赛的商业策划书 PPT，但初赛通过才能参与决赛。需要注意的是，即使没进决赛，也可以获得省二甚至省一奖项，得奖比例很高。

（2）理论部分（三人都需要答题）。题型包含两部分：①政治与职业道德素养；②会计与财务专业素养（比如基础概念、基本方法、实务工作、组织形式等基本会计与财务知识的掌握）。理论知识 50 题，40 分钟，答题速度需要比较快。理论部分的得分相对来说比较好拿。

（3）金蝶云星空平台（三人中一个人答题）。这个平台考核会计业务操作。网上有视频教学，复习主要是刷题，注重细节，记录细节，不懂的可以在群里询问同学或者老师。要认真学习方法，不要背题，考的题不是题库的题。题目比较难，所给题库的题特别少，一定要看群里的教学视频，如果想冲高分（省一）的话就得买教材自学。和商科课程财务大数据比较相似，上课好好学，用过类似软件的话会好上手一些。

（4）案例分析。案例分析内容和其他比赛类似，需要有财务预测相关内容，可以找一些研报做参考。可能会被问及财务预测的合理性。

职业发展篇

职业发展篇

一、职业规划

1. 什么是生涯规划？为什么要做生涯规划

生涯规划一般是指职业生涯规划，即对自己的职业进行系统计划的过程。一般来说，职业生涯规划包括职业定位、目标设定和通道设计三个要素，即明白自己适合什么样的工作、决定做什么工作以及如何获得这份工作。职业生涯规划是动态的，需要规划者根据就职环境以及自己能力、心理的变化进行修改调整。

首先，进行生涯规划有助于认清自己的性格和擅长的领域。在各种各样的人格测试、兴趣测试（后文详述）中，同学们会科学地认识到自己是一个什么样的人，当然这样的测试不会百分百准确，但整体来说还是具有很大的借鉴意义的。其次，进行生涯规划能够较早地帮助自己确定就业的大方向。不同岗位对于个人的要求不一样，确定了就业方向，就能够利用有限的时间针对这些要求进行学习与训练。最后，做好生涯规划也是对规划能力和意识的锻炼，在一定程度上有助于日后进行其他规划。此外，在职业规划过程中，同学们还可能遇到志趣相投的朋友，与他们在职业发展上共同进步。

生涯规划应当尽早开始，理论上来说越早确定方向就有越多的时间准备。需要注意的是，生涯规划并不是一成不变的，它是一项长期的事业，需要一步步完善。因此，在早期规划时你只需要完成大方向的确认，不必过度看重细节，为之后的规划调整留出余地。

2. 什么是人格测试、兴趣测试？如何进行测试

人格测试是对于个人气质、性格等的测试，不同性格的人适合的职位也不同。目前，最为著名的人格测试是 MBTI[①]测试，此测试将人格分为 16 个类型，通过四个字母组合对人格进行分类和描述。其他人格测试还有九型人格测试、DISC

---

① MBTI 全称为 Myers-Briggs Type Indicator（迈尔斯—布里格斯类型指标），是一种广泛应用的人格类型理论模型。

测试[1]、PDP 测试[2]等。

兴趣测试在这里指职业兴趣测试，较为著名的测试有霍兰德职业兴趣测试，目前，很多网站（如学信网）都提供了相关的人格测试和兴趣测试（免费或付费不等）。同样，很多高校也开设了职业生涯规划课程，在课程中可以接触并进行相关测试。此外，学校的就业指导中心也可以进行各类测试。

3. 学校会对职业生涯规划提供哪些帮助

首先，很多高校会为全体学生开设职业生涯规划必修课程，会针对学院学生的特点引导其开展职业生涯规划，课程内容包含之前提到的各种测试，以及其他规划方法和做好规划需要考虑的因素等。课程结课一般需要提供一份职业生涯规划书，同学们可以以此为契机对自己的职业生涯进行较为详细完整的规划。

其次，学校就业指导中心会为同学们提供指导和帮助。就业指导中心官网涵盖各类求职信息以及外部网站链接，如国家大学生就业服务平台等。同学们可以从中获取到为高校学生提供的生涯规划参考信息。以四川大学为例，就业指导中心长期为学生开设简历门诊、生涯规划服务、各类就业训练营等，能够帮助同学进行职业生涯规划。

最后，校内二级学院也会提供生涯规划指导服务。如四川大学商学院成立了健行生涯咨询工作室，开通了为学生进行生涯规划指导的一对一咨询以及团体辅导，还开展了各类活动来帮助学生确定个人发展方向。

二 实习实践

1. 怎么收集实习信息

（1）**学校官网和学院网站就业栏。** 学校和学院都会在其官网上发布实习岗位信息，学生可以定期浏览这些网站，比如，四川大学就业指导中心官网（http://jy.scu.edu.cn），以获取信息。同时，商学院也会举办各种实习交流活动和讲座，邀请校友和企业代表来分享他们的实习经验和建议，学生可以积极参与，提升自己的信心。

---

[1] DISC，分别为支配（Dominance）、影响（Influence）、稳健（Steadiness）、谨慎分析（Compliance）四项因子对应英文单词首字母而成，是一种基于行为分析理论的职业和个人评价工具。
[2] PDP，全称为 Professional Dyna-Metric Programs（行为特质动态衡量系统），PDP 测试是一项关于性格的测试工具。

（2）实习招聘网站。各种实习招聘网站都会提供实习信息，学生可以在这些网站上进行筛选和申请。

（3）社交媒体。有些企业会通过微信公众号、微博、LinkedIn等社交媒体平台发布招聘信息，学生可以关注这些企业的社交媒体账号，及时了解最新的实习招聘信息。也有部分微信公众号会整合最新的实习信息，可以通过关注这些微信公众号获取最新的资讯，比如川大的就业公众号"川大就业"上就会有实习信息的发布。

（4）校园招聘会和企业宣讲会。校园招聘会和企业宣讲会是学生了解企业信息和招聘需求的重要途径。学生可以通过学校和企业官网、招聘平台等方式了解招聘会和宣讲会的时间、地点与参会企业信息，还可以关注学校就业微信公众号，或者定期登录学校就业指导中心官网获得信息。

（5）校内实习推荐。学生可以向学院就业指导中心、辅导员或实习导师等咨询，了解校内实习机会。有些招聘平台、企业和学校就业指导中心会创建自己的QQ群或微信群，供学生了解实习信息和交流经验，其中还可能存在潜在的内推机会。

2. 实习的投递渠道

（1）学校就业指导中心。各高校的就业指导中心会定期发布实习信息，并组织企业来校招聘。学生可以关注就业指导中心的信息，通过就业指导中心申请到实习岗位。

（2）企业招聘平台。各种招聘平台在提供实习信息的同时也会提供实习招聘服务，学生可以在这些平台上搜索并申请实习岗位。

（3）校内实习推荐。高校各学院的老师和辅导员通常有着丰富的企业资源和人脉，他们可以向学生推荐实习岗位。

（4）校外实习推荐。学生可以通过自己的人脉和网络，向亲戚朋友或互联网上的人脉寻求实习岗位的推荐。

（5）企业官网。有些企业会在自己的官网上发布实习招聘信息，学生可以在企业官网上寻找实习机会并申请。

3. 实习是不是越多越好

实习是商科学生提升职业素养和增强就业竞争力的重要途径之一，但却并不是越多越好。以下是一些同学们开始实习时需要考虑的因素。

（1）**实习的质量**。实习的质量比数量更为重要。高质量的实习能够让学生更深入地了解行业和职业发展，获得更多的实践经验和专业技能，为未来的职业发展打下更坚实的基础。

（2）**学习和实习之间的平衡**。学生需要平衡实习和学习，不能让实习影响到学业。在安排实习时，需要根据自己的情况制订合理的计划和时间表，保证学习和实习的顺利进行。

（3）**实习的时机**。实习时机也很重要，一般建议学生在寒暑假及学校活动较少的时候进行实习，这样可以把精力更多放在实习上，将实习经验和学习经验相结合，更好地应对未来的职业挑战。

（4）**实习的目的**。学生需要明确自己实习是为了获得实践经验、增强就业竞争力，为了了解行业、探索自己的职业方向。根据实习的目的，可以选择不同类型和时长的实习机会。

建议同学们首先做好自身职业规划，并根据职业规划的方向和相关需求去寻找相关的实习，这样才能做到有针对性，实现实习效益最大化，并逐步靠近自身的职业理想，切忌漫无目的、杂乱无章地实习。

4. 实习与学校事务如何平衡

在大学期间，实习是提升自己职业素养和增强就业竞争力的重要途径，但是如何平衡实习和学校事务也是同学们需要考虑的问题。以下是一些平衡实习和学校事务的建议。

（1）**合理规划时间**。在安排实习和学校事务时，要根据自己的情况合理规划时间，不能让实习影响到学业。大三阶段仅可利用寒暑假实习。大四阶段课程变少，可以利用周末和假期来完成课业，就可以抽出更多时间来实习。

（2）**提前做好准备**。在实习前，要提前做好准备工作，包括了解实习内容、了解公司文化、学习相关知识等，这样可以在实习期间更快地适应和融入工作环境，减少对个人的影响。

（3）和导师沟通。在实习期间，如果已经找好了导师，要和导师保持沟通，了解导师的期望和要求，并及时向导师汇报自己的工作情况和学习进展，以便及时调整自己的学习计划和工作计划。

（4）保持良好的生活习惯。要保持良好的生活习惯，包括定时休息、均衡饮食、适当锻炼等，这样可以保持精力充沛和身体健康，更好地适应学习和工作的压力。

（5）学会取舍。在实习和学校事务之间，有时需要做出取舍，要根据自己的情况和需求，合理分配时间和精力。在必要时，可以适当减少社交活动或娱乐时间，以便更好地投入学习和实习。

平衡实习和学校事务需要根据自己的情况制订合理的计划和安排，并保持良好的生活习惯，这样才能在实习和学校事务之间找到一个良好的平衡点。

5. 课上所学内容与实习所需技能脱节怎么办

"纸上得来终觉浅，绝知此事要躬行。"课堂上所学内容跟实际实习过程中所需要的知识和技能有出入很正常。一般来说，公司不会对实习生要求过于苛刻，因此大家不必太过焦虑，只要在实习过程中始终保持一颗学习进步的心就行了。另外，同学们也可以多请教已经入职的正式员工，大家一般都会比较乐意回答问题。此外，还可以通过各类平台进行学习，掌握在实习过程中需要但是自己不会的技能。

6. 如何选择自己的实习公司／就业公司

商科学子可以在许多领域找到就业机会。以下是以四川大学商学院学生为例，罗列出的一些常见的就业方向。

（1）金融。包括银行、证券、保险、基金、信托等金融机构，如中国工商银行、中信证券、中国国际金融、中信建投、太平洋保险、中国人寿保险、中国平安保险等。

（2）会计审计。包括会计师事务所等，如普华永道（PwC）、德勤（Deloitte）、毕马威（KPMG）、安永（EY）等。

（3）咨询管理。包括管理咨询公司、战略咨询公司等，如麦肯锡（McKinsey）、波士顿咨询（BCG）、贝恩咨询（Bain）、罗兰贝格（Roland Berger）、埃森哲（Accenture）等。

（4）TMT。TMT 主要指电信（Telecom）、媒体（Media）和科技（Technology）三个领域的产业。代表公司有阿里巴巴、腾讯、百度、字节跳动、美团、华为、中兴、爱奇艺和小米等。适合商科学生的岗位有用户研究、数据分析、内容运营、商务拓展、项目管理、市场策划、公关传播、渠道管理、财务审计、风险控制等。

选择就业实习的公司需要多方面考虑，以下是同学们需要考虑的主要因素。

（1）**公司规模和背景**。一些大型企业、跨国公司或知名企业可以提供更广阔的职业发展空间和更优厚的薪酬待遇，但是入职难度会相对较高。而一些中小型企业或创业公司可能会给予更大的发挥空间和更加灵活的工作机会，但是薪酬和职业发展可能会较有限。

（2）**公司业务和文化**。选择与自己专业相关的公司能够更好地发挥自身专业优势，同时了解公司的文化和业务也可以更好地适应工作环境和发展方向。

（3）**岗位职责和发展**。了解具体岗位职责和发展路径，选择与自己专业、兴趣和能力相匹配的岗位能够更好地发挥自己的优势，同时也可以在职业生涯中获得更适合的成长和发展机会。

（4）**实习机会和培训**。选择提供优质实习机会和培训机会的公司能够更好地提升自己的专业能力和实践能力，同时也有助于自己以后的职业发展。

（5）**职业前景和发展**。考察该行业和公司的发展前景，选择有发展潜力的行业和公司能够更好地促进自己的未来职业发展。

综上所述，对于就业实习，需要根据自身的实际情况和未来职业发展规划，选择与自己专业、兴趣和能力相匹配的公司和岗位。同时，可以通过多方面的了解和调查，选择优质的公司和实习机会，为自己未来的职业发展打下坚实的基础。

7. 实习和秋招春招的工作要求

实习和秋招春招的工作要求绝大多数情况下相差并不大。对于希望就业的同学来说，大三寒假的实习以及暑假很多大厂的实习一般都有留任机会，当然也有一些实习岗位没有留任机会的实习，如在券商的实习等。总体来说，由于实习期

较短，招聘要求可能会降低一些，但对于同学们的个人能力，如专业知识技能、工作技能、人际交往技能、学习技能等还是会再次进行考查，不能掉以轻心。

8. 四大实习经历分享

国际四大会计师事务所（以下简称"四大"）主要是指普华永道、德勤、毕马威、安永这四所会计师事务所，它们是适合高校财会类学生的就业去向和实习去向。以下主要介绍过往在"四大"实习过的学生总结的经验。

1）校园大使

很多企业都会招募校园大使来协助校园招聘。一般来说，"四大"的校园大使会优先考虑招募大一和大二的同学（以大二学生为主），简历投递和面试形式与寒暑假实习形式相同，所以低年级同学可以先通过申请四大的校园大使项目提前熟悉一下"四大"的申请流程与面试形式，在大三正式投递时才会更加游刃有余。一旦通过校园大使的面试，会直接免试发放审计业务寒假实习机会，对同学们来说是一种一劳永逸的方法。如果"四大"的校园大使申请难度过大，则可以申请八大会计师事务所的校园大使，这同样是可以的。一方面可以通过校招来明确事务所对于人才的选拔要求，另一方面也可以向 HR 寻求帮助。很多事务所在寒暑假期间也会直接为校园大使免试发放实习 offer，所以担任校园大使是一个获得高质量实习的好机会。

另外，"四大"的网申界面和面试部分内容需要使用英文，所以大家的六级成绩也要尽量考到 530 分以上，或者拿到雅思 6.5 及以上的成绩，达到一个较好的英文阅读与沟通水平，这样在面试中就可以拥有较高的竞争力。

2）网申

网申需要把握好投递时间。"四大"寒假实习的网申一般会在每年校招季的 8—10 月开启，往往持续 1～2 个月之久，所以把握好投递简历的时间尤为重要。建议选择在网申开启后的中间时段进行投递。第一周投递者往往会第一批收到 Online Test，很多人在做完后会通过"小红书"和微信公众号上传递出当年笔试题型的大致情况，充分了解到这些信息后再作为第二批、第三批中间时段的投递者，在线笔试的准备会更充分。而在距离网申截止日期的三天内再进行投递是任何网申招聘的大忌，一旦申请人数过多或招聘人员想要减少筛选简历的工作量时，最后网申者在态度上会被视为不够重视，时间上不够有规划，有很大的可能被直接淘汰。

3）实习城市选择

由于不同城市的"四大"的分所规模和需求存在很大差异，一线城市的分所（北京所、上海所、广州所、深圳所）的录用比例和机会大大多于二线、三线城市，建议有条件的同学尽量选择这四个城市进行投递。此外，还可以优先考虑各所的中国总部，安永和毕马威的北京所、普华永道和德勤的上海所的实习生需求是显著多于其他分所的。

4）实习时间

实习持续时间对于能否拿到 offer 至关重要。由于年审期间繁忙，而实习生又需要培训并经过一定时间的实操才能够熟悉业务，因此事务所更偏好能够长期实习的同学。在系统填报"可实习时间"最好选择从 1 月初持续到 3 月底，一般只有大四的同学才有较宽松的实习时间。

5）"四大"的选择

建议四个所都进行申请。"四大"所的审计在业务和锻炼机会上没有太大的区别，多投递一份简历则多一份机会。在申请前需要多方面搜集相关的信息，注意网申截止时间。

6）笔试

安永的笔试是推理测试和性格测试，主要是词语逻辑、资料分析、图形推理三种题型，类似国考行测题目，但是答题时间较短，一定要控制好做题速度。

德勤采用 SHL 题库，主要分为三大版块，视频面试（VI）、综合能力（GA）和性格测试。视频面试大概有两道回答很简单的文字描述题，面试者需要面对摄像头用英语表达。综合能力的题目包含图形推理、会议排序、数字推理等。

毕马威（KPMG）普遍采用 GBA（Game Based Assessment）游戏测评的方式取代传统的笔试，测评有 10 关，几乎都是辨认表情、打气球、开锁等游戏。雇主可以从这些游戏中行为的测试判断性格，最终生成一个性格测试报告。要注意尽量不要在一道题过多停留或者连续做错多道题。

7）面试

群面的环节分为英文自我介绍、无领导小组案例讨论和最后的展示环节。提前准备好1分钟左右的全英文自我介绍，最好能够突出简历上没有提及的个人个性或特质，让面试官易于在同组的面试者中记住你。无领导小组讨论的案例每年都会变，但是多集中于企业文化与热点社会话题如AI、元宇宙等，讨论时可以用中文。面试中会涉及案例的讨论和分析，有的篇幅较长、信息量大，需要在所给的时间内搜集到尽可能多的相关材料，在阅读时善于抓住重点，注意整个逻辑、结构，不要过多纠缠于一些细节。在小组进行演讲分工时尽量主动积极，去争取更多可讲的东西和易于顺畅表达的部分。

面试中最重要的是语言流畅，比所讲内容更重要的是表达带给其他人的印象。同学们可以互相组队定期进行群面模拟，尝试群面中的每一个角色任务，找出最适合自己的角色并努力练习到最好。

群面题目也会被面试完的同学分享到各种社交媒体上，大家可以在面试前去进行全面的检索，尽可能地做好所有准备。

由于单面时每一个面试官的风格会有很大不同，所以普适性的建议要相对少一些。可以提前做准备的问题是"3 Why"（Why us，Why you，Why audit）。单面可能会有一两个英文问题，一般是针对简历提出，所以要提前梳理好自己的简历，被问及过往经历时尽量回答得有逻辑且重细节，不能过于笼统地概述，对于简历上的每一句话都要有话可说并实事求是。

8）过来人谈经验

同学A：

（1）如何准备笔试、面试?

我是在8月份向德勤和安永两家投递了实习简历，且都通过了简历筛选，但是我只通过了安永的测评和面试。

测评不是量化的，虽不太重要，但也不能做得太差，否则可能影响进入群面的机会。我在做测评之前，看了一些经验帖，试用了一些测评题库，但是没有买，所以也就没有过多练习。我觉得现在的测评有点反套路化，不是靠练习就能提高的。所以，只要了解一下测评规则，稍微练习一下就可以了。

群面分为两个部分。第一个部分是一分钟的自我介绍，用中英文都可以（我建议用英文）。第二个部分是分析一个英文案例，并用英文汇报。这个案例的篇幅很长，阅读时间只有15分钟，时间很紧。我建议先看问题，然后找关键信息点，在看案例时就形成自己的观点和想法。我记得当时我是第一个发言的，并提出了一些新颖和建设性的意见，后面还补充发言了一两次。最后用英文汇报时，我感觉我们的表现不太好。因为案例题量大、信息多、小组成员多，所以最终没有讨论出一个系统而全面的方案，而且汇报时大家各说各的，这其实不太好。但是可能是因为我发言时表现好，所以通过了。

单面是经理询问我一些问题，比如问我上一段审计实习的情况，在这个过程中我做了什么工作，以及一些细节。对于我在学校的经历，他倒是没有问。最后，他还问了我的实习时间段。其实，单面的压力很小，经理也很和蔼，没有问什么刁钻的问题。

（2）实习体会。

我在审计部门实习了一个半月，主要负责银行函证、往来函证、借款底稿、费用底稿、应收账款对账分析、长账龄底稿、收入费用细节测试等工作。我还与客户和全球交付中心的同事协调沟通、收集资料、线下盘点、久期核对等。

由于项目规模小，人手紧张，我的工作涉及了很多方面，我对审计行业有了深入的认识，包括薪资福利、工作节奏和文化氛围等。

我建议想去"四大"实习的毕业生，体验一下实际的工作环境、压力。实习时要积极主动地向项目组的同事请教，不懂就问。但是，要在自己思考过后问问题，不要总浪费别人的时间和精力。

（3）申请"四大"实习的建议。

提前准备。提前了解"四大"的文化、业务和招聘流程，准备好简历和申请材料，并提前练习英语和逻辑思维能力，复习一些基本的会计知识和商业知识。

多练习面试。面试是关键，所以一定要多练习，准备好常见的面试问题和解决商业案例的方法。

了解自己的优势。"四大"非常看重个人的背景和经历，所以要清楚自己的优势并突出展现。

保持积极态度。"四大"的实习非常有挑战性，但也很有意义。要保持积极态度，乐观面对挑战，不断提高自己的能力。

同学 B：

（1）时间节点。

9月18日完成简历投递，因半年内做过GBA测评①，于是没有再做。10月25日收到面试邀请，10月29日面试，11月15日获得被录用。

（2）关于笔试。

这家事务所的笔试算是比较简单的，整体来说也比较有趣，可以提前看看网上的攻略、录屏之类的资料，对题型有个预期。我当时遇到了系统更新，最后一道计算题的分数没有记录，只得了9000分左右，但我还是收到了面试和最终offer，所以分数可能不是最重要的考核项。

（3）关于面试。

我是寒假实习的第一批次面试中最早的一批，所以对面试主题完全没有了解，只稍微准备了一下简历和常规的问题。

面试总计大约1小时。先是破冰问题，面试官给了我几幅图片，要求我选一幅自己喜欢的，并说明为什么喜欢（大概是这样的内容）。这个破冰问题被要求用英文作答，大约1分钟，所以要做好英文的准备。然后，每个人1分钟的自我介绍，用中英文都可以，同一场次的小伙伴也有选择用中文。

再次就是辩论，我们被分成两组，详细情况就不介绍了，互联网上都可以找到相关内容。

最后就是经理面试，我们这一组是单面，但听说有的场次是群面，不过面试官主要都是针对简历提问，整体也比较常规。

此外，部分面试者可能会有被要求反问面试官的环节。

（4）实习感受。

这里的实习氛围非常好，闲暇的时候往往都会有一些聚餐活动或者团建活动。年审的工作量比较大，一个寒假下来非常累，不过从中能学到的东西也很多。前辈们都是很耐心地教导我们，所以，不懂的问题一定要及时询问，争取顺利完成每一项工作。

---

① GBA测评：近两年某些事务所采用的游戏化行为测评方法，用于测试人格特点。

（5）申请工作的建议。

制定明确的实习目标和求职目标。在开始实习或求职之前，要明确自己的职业规划和目标，以便有针对性地寻找实习机会或工作机会。

提前准备。在申请实习或工作之前，要提前了解相关公司或行业的背景和文化，进行简历和面试技巧的培训，增强自己的竞争力。

积极寻找机会。可以通过网络、人脉、招聘会等多种途径来寻找机会，同时灵活运用多种途径和方式，以增加成功的机会。

关注个人形象和表现。在求职过程中，个人形象和表现非常重要。要注意仪表仪容，注意语言表达和礼仪，并准备充分、专业的求职材料。

学会自我推销。在求职的过程中，要学会将自己的优势和特点推销出来。同时要表现出自信、积极、开放的态度，让面试官能够感受到你的热情和能力。

不断学习和提高。在实习和工作中，要不断学习和提高自己的能力和技能。同时要关注行业动态和趋势，及时调整自己的职业规划和目标。

三 就业求职

1. 秋招春招的投递渠道

要想获得秋招和春招的 offer，最直接的方式是查询意向用人单位的招聘官网进行简历投递。

同样，在秋招和春招的时候，会有很多企业到学校进行宣讲，并开展双选会。这个时候就要把握住这个线下投递简历的机会。可以通过加入学院的就业群、关注学校就业公众号，及时获取就业信息；也可以去招聘会现场投递简历，有很多企业都会到学校来进行现场招聘面试，并且很快就会通知面试结果。线下投递简历时可以有机会和用人单位 HR 面对面进行深入交流，有更大的可能性收获自己心仪的 offer。

2. "四大"、券商、银行、投行的工作的具体内容

（1）"四大"。国际四大会计师事务所的主要业务包括审计、税务、咨询和企业风险管理等领域。其中，审计是"四大"事务所最为核心的业务，其主要

工作是对客户企业的财务报表进行审计，确保其准确性和合法性。

（2）**券商**。券商指的是证券公司，是在证券市场从事证券交易、投资咨询和其他金融服务的机构。券商的主要业务包括证券经纪、证券承销、证券投资管理、证券融资等。其中，证券经纪是券商的核心业务，其主要工作是为客户提供证券交易服务，包括股票、债券、基金等。

（3）**银行**。银行是从事各种金融业务的金融机构，其主要业务包括存款、贷款、外汇、汇款、信用证、票据承兑和发行、担保等。在银行工作的人员可以从事财务、信贷、风险管理、市场营销等不同领域的工作。

（4）**投行**。投行指的是投资银行，是金融机构中的一种，其主要业务包括企业融资、并购重组、资产管理、证券承销等。在投行工作的人员可以从事财务分析、市场营销、交易、投资银行家等不同领域的工作。投行工作相对来说更加具有挑战性，需要处理大量复杂的金融交易和业务，需要有强大的金融分析能力和商业洞察力。

3. 想找大平台的工作，要做哪些准备

商科学生如果未来想从事事务所、券商、投行、银行、互联网大厂等企业的相关工作，可以从以下几个方面做准备，提高自身的竞争力。

（1）**专业成绩**。这是企业招聘过程中最基本的条件之一。学生需要保持较高的专业成绩，证明自己具备较强的学习能力和丰厚的知识储备。

（2）**实习经历**。实习经验是招聘过程中的加分项。学生可以通过参加实习获得实践经验，了解企业文化和业务流程，提升自身能力，挖掘自身潜力。专业对口的实习经历往往能够增加求职优势。

（3）**社交能力**。商业领域是一个人际关系密集的领域。学生需要积极参与社交活动，扩大自己的人际关系网络，提升自己的人际沟通能力。

（4）**技能培养**。根据不同的职业目标，学生需要培养不同的技能。例如，想要进入会计师事务所，需要熟练掌握财务分析和会计技能；想要进入投行，则需要具备金融分析和交易技能。

（5）**个人素质**。企业注重员工的个人素质和能力。学生需要注重自身素质的培养，包括沟通能力、创新能力、领导力、团队协作能力等。

4. 如何让自己的优势更好地呈现在简历中

1）简历书写原则

（1）突出你的业绩。 在简历中列举你在过去工作或实习中取得的业绩，例如，你带领的项目、你在团队中发挥的作用、你创造的效益等。具体而言，可以采用"STAR 法则"（情境、任务、行动、结果）来描述你的业绩，让面试官更好地了解你的价值。

（2）突出你的技能。 列举你的专业技能、软技能以及其他技能，例如编程语言、沟通技巧、团队合作能力、语言能力等。这些技能应该与你所申请的职位相关，并且需要提供具体的例子来证明你的能力。

（3）突出你的教育背景。 在简历中突出你的学历和相关专业，以及你在学校中取得的成绩和荣誉。此外，如果你参加过一些课外活动、担任过职务或者获得过奖项，也可以在简历中列举出来，这可以帮助面试官更好地了解你的综合素质和能力。

（4）突出重点。 在简历中用粗体或斜体字突出重点信息，例如你的工作经历或者获得的奖项等，这可以帮助面试官更快速地发现你的优势。

（5）使用数字证明。 使用数字来证明你的成就，例如你参与的项目规模、完成的任务数量、提高的销售额等，这可以让你的成绩具象化，给面试官留下更深刻的印象。

（6）与职位匹配。 将自己的优势与申请的职位要求进行匹配，如果你擅长的技能和职位要求的技能相符合，这可以让面试官更容易看出你的优势与职位的契合度。

（7）使用关键字。 在简历中使用与行业相关的关键字，可以使你的简历更容易脱颖而出。例如，如果你申请的是财务分析师的岗位，你的简历中可以使用关键字，如"财务报表分析""数据建模""财务预测"等。

2）STAR 法则

当我们在简历中描述自己的经历时，使用 STAR 法则可以让我们更加清晰地传达自己的经验和能力。STAR 是一种有逻辑、有条理地描述自己经验的方法。

具体来说，STAR 法则包含以下几个方面。

情境（Situation），指在哪个环境、哪种情况下遇到了什么问题或挑战。

任务（Task），指要完成哪些具体任务或目标。

行动（Action），指采取了哪些具体行动来完成任务或解决问题。

结果（Result），指采取行动后的具体结果或者成果。

在使用 STAR 法则时，能将自身的原始经历得到有效分解，但是 STAR 拆解后的经历依旧过于繁杂，需要通过对 STAR 经历进行分组，然后进一步精简得到简历描述。

将 STAR 经历进行分组时，可以尝试：将 1 段 STAR 经历尝试分解为总分结构的 3～4 点，其中第一点介绍情境（S），表明职责与关键结果，其余几点通过任务（T）进行拆解，分别列示完成某项任务（T）而做出什么行动（A），产生什么结果（R）。

分组后的经历需要进一步润色，才能形成简历经历：

描述情境（S）时，突出任务的重要性或困难之处，将你的处境具体化。

描述行动（A）时，尝试使用行业相关的关键字，利用行为来阐释你的专业技能。

描述结果（R）时，使用定量或比较的方式，来展现你的成功之处。

最后呈现为简历上的 3～4 点，不需要注明 STAR，每一点以不超过两行为佳。

3）举例子

如一位求职者对自己曾经的工作经历做了这样一段描述：

我曾在一家互联网公司工作，负责开发和推广新产品。我的团队负责的产品实现了超过 100 万美元的销售额，客户满意度调查也表明，客户满意度得分显著提高。在我负责的项目中，我还通过提供定期培训和沟通，确保了团队成员之间的协作，并建立了良好的工作关系。

（1）STAR 分解。

S: 情境

担任一家互联网公司的产品推广工作，负责推广和开发新产品。

T: 任务

开发和推广新产品，实现销售额和客户满意度的提高。

A: 行动

制订市场推广计划，包括广告、宣传和参加行业展览活动，以提高产品知名度。

为团队成员提供定期的培训和沟通，以确保团队协作和工作效率。

与团队成员协作，仔细分析项目需求并提供一系列解决方案。

R：结果

成功设计了一个高效的解决方案，减少了开发时间，并使得项目成功地按时上线。

负责的产品实现了超过 100 万美元的销售额，客户满意度得分显著提高。

团队成员之间的协作关系得到了加强，良好的工作关系也得到了建立。

（2）STAR 分组。

S（情境）：加入了一家软件公司，在一项新项目的开发与推广中发挥了关键作用。KR（关键结果）：实现了超过 100 万美元的销售额，客户满意度得分显著提高。

T1（任务）：开发新产品。A1（行动）：与团队成员协作，仔细分析项目需求并提供一系列解决方案。R1（结果）：成功设计了一个高效的解决方案，减少了开发时间，并使得项目成功地按时上线。

T2（任务）：推广新产品。A2（行动）：制订市场推广计划，包括广告、宣传和参加行业展览活动，以提高产品知名度。R2（结果）：项目成功上线后，得到了客户的高度赞扬。

T3（任务）：团队维护。A3（行动）：为团队成员提供定期的培训和沟通，以确保团队协作和工作效率。R3（结果）：团队成员之间的协作关系得到了加强，良好的工作关系也得到了建立。

（3）整理得到简历描述。

带领 20 人的团队，承担 ×× 项目的开发与推广，实现了超过 100 万美元的销售额，客户满意度得分提高 25%。

与前端、后端、测试等团队成员协作，进行技术方案的设计和开发，减少了 7 天开发时间，使得项目成功地按时上线。

制订市场推广计划，包括广告、宣传和参加行业展览活动，以提高产品知名度。通过有效的营销组合，实现了产品的快速曝光和传播，吸引了大量的潜在客

户和流量，促进了产品的转化率和销售额。

根据团队成员的特点和需求，设计和实施了一系列的培训和活动，包括团队沟通、冲突管理、目标共识、角色分配等，以提高团队的凝聚力和执行力。

5. 如何应对压力面试

压力面试在面试中已经屡见不鲜了，压力面试的目的，不仅仅看你回答的内容，更多的是考查你面对压力做出的反应。因此，面试官在提出很有挑战性的问题的时候更留意你当时的态度，而不是你是否回答得完美。无论碰到什么问题，要冷静和有信心，直视着面试官来回答问题。

和传统面试不一样，面对压力面试，有些时候不能直接回答问题。由于大多数压力面试中的问题都会涉及你的不足，因此在回答的时候尽量要把这些缺点或不足同你的优点联系起来。

比如，当被问到"你认为自己的哪项技能需要加强"？你不可能宣称自己无所不能，但如果直接承认自己在哪些方面不足的话，面试官可能会揪着这个点展开，这样会将你的不足暴露得更彻底，而你的优势会被削弱。如果是这样，就该若无其事地躲开这一点，如回答"既然谈到这儿，我想说我已经具备了这份工作所需要的所有技能，这也是我对这个职位感兴趣的原因"。并且可以借机把自己简历中的闪光之处再强调一番。

6. 如何在面试中脱颖而出

想要在面试中脱颖而出，需要做到以下五点：一是谦虚谨慎。在面试过程中遇到有难度的问题，且不知道该如何回答时，切记不要不懂装懂，用一些诡辩的话语来掩饰，这样只会适得其反。相反，诚实谦虚地回答，会给用人单位留下一个沉稳的印象。二是简单利落。回答问题要抓住重点，简洁明了，切勿冗长。三是消除紧张。让自己带着自信去迎接工作，面对挑战，会提高成功的概率，学会克服紧张，展现自信的一面。四是服装得体。在面试时，着装应该符合时代、季节、场所，并要与自己应聘的职业相协调，体现自己的个性和职业特点。五是言行得当。要注重交谈过程中的言谈举止，表情自然，动作得体，不要坐立不安、举止失当。

7. 无领导小组面试应该如何准备

无领导小组面试原先有两个十分重要的角色，一个是 Leader（领导者），一个是 Timekeeper（计时者），但是现在很多无领导小组面试都会有固定的计时工具，所以 Timekeeper 的作用在逐渐弱化。如果用人单位没有提供计时帮助，就需要面试者自己计时，可以用手机计时。

无领导小组面试主要考查面试者在小组合作中的表现，所以面试时未必一定要争当 Leader，更重要的是要积极参与讨论，积极贡献自己的想法。当然，面试者可以做一些记录，保持参与感，并提出自己的独特见解。针对无领导小组面试，可以提前准备好自我介绍，也可以在网上收集一些典型的案例分析题，学习这些案例中有用的方法等。

8. 除了专业知识，还需要具备哪些技能

除了具备专业知识以外，比较重要的是在求职过程中要有一个良好的心态。在求职过程中，你会遇见许多问题也会遭受许多挫折，面对它们时，可能会怀疑自己，对自己产生否定情绪，甚至感到崩溃，因此拥有一个良好的心态是很重要的。

当然，熟练掌握 office 类办公软件也是十分重要的。Excel 中有许多函数公式能够帮助我们减轻工作量。熟练使用这类软件能够在实习和招聘面试中让你拥有一些优势。

此外，你还需要有一定的人际交往技能和随机应变能力。这主要是为了应对各种各样的面试以及实习或入职后的同事关系问题。虽然这与工作求职没有直接关系，但是这样的技能会帮助你解决一些实际问题，让你顺利融入工作环境。

9. 秋招和春招的具体时间

秋招通常在 8—9 月开始，12 月结束，9—10 月为高峰期，而春招通常在 2—3 月开始，5 月结束，3—4 月为高峰期。在秋招和春招中，会开展校园宣讲会、双选会、空中宣讲会、招聘会等，很多企业也会来学校进行线下宣讲及面试。有求职愿望的同学请密切关注学校毕业生就业网和学院就业群的招聘信息。

10. 考过 ACCA 和 CPA 在哪些行业有优势

ACCA 和 CPA 都是国际公认的会计职业证书，获得这些证书的人通常在以下几个行业中具有优势。

（1）**会计师事务所**。ACCA 证书和 CPA 证书是会计师事务所的入职门槛，

获得这些证书可以使申请者在事务所中更有竞争力，从而获得更好的职业发展机会。

（2）**财务部门**。获得ACCA证书和CPA证书的人通常在财务部门中有着更好的职业发展机会，因为这些证书能够证明他们具备了高水平的财务知识和技能，能够胜任更高级别的财务职位。

（3）**投资银行和基金公司**。ACCA证书和CPA证书的持有者在投资银行和基金公司中也具有优势，因为这些行业对财务专业人才的要求较高，这些证书能够证明申请者具备了必要的财务能力和技能。

（4）**大型企业**。ACCA证书和CPA证书对于在大型企业中工作的人也非常有用，因为这些企业需要高水平的财务人才来管理其财务事务，并且这些证书也能够证明申请者具备了必要的能力和技能。

11. 商科学生在就业中会有什么样的优势

商科学生在就业中具有以下几个优势。

（1）**专业技能**。商科同学在学习过程中，会接受全面的商业知识培训，掌握企业管理、营销、财务、人力资源等方面的专业技能，这些技能对于未来的就业发展具有非常重要的作用。

（2）**实践经验**。商科同学通常会有参与实习和实践项目等的机会，这些机会能够帮助同学们在校期间积累一定的实践经验，并且使同学们更加了解实际工作的情况和要求，为同学们未来的就业奠定了很好的基础。

（3）**人脉关系**。商科同学通常会与老师、校友等建立良好的人际关系，这些人脉资源对于未来的就业发展非常重要，能够为其提供更多的机会和资源。

（4）**跨学科能力**。商科同学通常需要学习多种学科，如财务、市场营销、战略管理等。这些学科的跨学科性质能够培养同学们的综合能力和跨界思维，对于未来的就业非常有利。

总的来说，商科同学在就业中有着专业知识、实践经验、人脉资源和跨学科能力等方面的优势，这些优势能够帮助同学们更容易获得优质的就业机会和更好的职业发展。

四、考公考编

1. 国考（央选）提供的主要岗位和考试难度

国考提供的岗位非常广泛，从热门专业到冷门专业几乎全覆盖，当然岗位竞争程度也不一样，以下以商科中财会类专业为例介绍可报考的岗位。财会类专业的主要报考岗位集中在税务局、海关、银保监等。国家税务局、地方税务局都可报考，而税务局往往是国考岗位里竞争最大的岗位之一，非偏远地区竞争比常常达到1∶150甚至更高，海关中的竞争情况也是一样的。

财会类专业还可以报考一些部委岗位，比如全国人民代表大会、中华全国总工会等部门中的岗位，但是这些部门往往要求报考者具备一定的基层工作经验，对准备报考的应届生不利。此外，一些不限制应届生、户籍地、政治面貌、学历的岗位也可以报考。但是通常来说，限制越少竞争越大，因为所有人都可以报，其岗位竞争激烈程度可想而知。如果想进入体制内，一定要抓好应届生优势。从以往经验来看，相似或同一岗位，限制应届生的进面试分数，要比限制非应届生的进面试分数低10分左右。

央选提供的岗位同样较为广泛，主要集中在中央党群机关和部委，工作地点大多在北京，成功拿到央选资格之后，竞争相对于同期国考要弱非常多。财会类专业可报考审计署、纪委、统战局等部门。

国考（央选）每年招考岗位都差不多，但也有细微调整，具体岗位可在报考通道开放时登录国家公务员考试官网查询。

国考考试有三类考卷：副省级、地市级、行政执法类，考试内容大致相同，差别在于侧重点，例如副省级考试更偏向于整体布局规划能力的考核，地市级更侧重具体事务的执行，而行政执法类则可能会涉及专业背景。

考试分为行测和申论，行测考试时间2小时，申论3小时，分别在同一天的上午和下午。行测均为单选题，副省级的有135题（多5道数量关系题），地市级和行政执法类的行测有130题，在题型方面有细微差别。例如，行测的题型共有常识、言语、数量关系、逻辑判断、资料分析五类，副省级行测会有10道（2×5）篇章阅读题，但逻辑判断不会出"一拖五"类考题。一般来说，行测考查20道

常识题，40道言语题，10道数量关系题（副省级考卷为15道），40道逻辑判断题，20道资料分析题。建议考生先做资料分析题，然后做言语题和逻辑判断题，把性价比较低的常识题和数量关系题放到最后做。

申论主要有简答题和大作文两类，共 4～6 题不等。简答题有 3～5 题，包括总结概括题、对策题、分析题等，大多能从材料中找到答案。大作文有 1 题，一般从自由命题作文、半命题作文、命题作文中三选一，字数在 1200 字左右。申论偶尔会考查撰写文书、演讲稿等类型的题目，字数要求在 800～1000 字。大作文、材料与简答题有一定联系。

除行测和申论之外，部分专业（例如银保监岗位）还会进行专业课考查，有笔试和面试两种形式。如果是笔试，大概率会在行测、申论考试的前一天进行；如果是面试，则可能会在笔试成绩出来之后，在面试环节进行专业课面试。

关于考试难度，三类试卷各有特点，不存在谁比谁简单的说法。同学们平时可以多练习、多积累。

2. 国考（央选）的报名及相关条件

国考（央选）的报名时间一般在每年的 10 月份。在此之前，会发放有资格参加央选的学校名单，学校再将相关信息告知学生，符合要求的同学根据自身情况报名。国考和央选的报名通道几乎同时开放，并在同一个网站，只是通过中央选调生考核的报考界面会多一条"中央选调岗位"。报名时间有 10 天左右，建议同学们不要卡在最后一天报名，因为国考需要对所有考生进行资格审查，如果时间截止后资格审查没有通过，本年度将不能再报考，所以应提早报名；如果在报名截止前资格审查未通过（被驳回），还可以按要求进行修改，或者选择其他岗位再次报名。央选的报考截止时间比国考提前两天，如果央选没有通过资料审核，或者没有心仪的岗位，还可以选择报考国考。

笔试时间一般在报考当年 12 月上旬。考试后一到一个半月左右出笔试成绩，也就是在次年 1 月会出成绩。在笔试成绩公布的第二天会公布进面名单，每个岗位的进面名单按照考生序号排列，不按照成绩由高到低排列。同学们可将自己笔试成绩和最低进面成绩进行比对，判断自己的竞争对手。

各部门的面试时间不同，有些部门在 1 月下旬就开始面试，有的部门会比较晚，但是再晚通常也不会超过一个月。

最后来分享一下央选的条件。首先，要求报考者的政治面貌是中共党员，预备党员、正式党员均可。其次，报考者的成绩不能太差，否则连院级的初筛都很难通过，最好有一些可以加分的奖项。虽然央选的资格审查不会考虑成绩和奖项问题，但是要明白央选是很多优秀的学生在竞争，需要通过院级初筛，再进行校级考核，最终由学校确定入选名单，上报国家公务员局，公务员局为学校推荐并通过资料审查的学生单独开放央选通道。一般而言，本科学生的可选专业会受到一定限制，但是在学习考试方面并不处于劣势，所以本科生也要有信心。

3. 军队文职是什么

军队文职是指不占用军队编制、在部队中从事专业技术工作的国家工作人员。军队文职虽不是现役军人，却是军队人员不可或缺的组成部分。军队文职是近些年来才对外开放的新报考岗位，目前的竞争压力略小。军队文职的工作职责可根据岗位划分为两类，分别是管理类和专业技术类。商科类专业的同学可以报考管理类岗位。军队文职的待遇和国家公务员类似，甚至有些岗位的待遇比国家公务员更好。

4. 军队文职的报名和考试

军队文职每年有两次报名机会，第一次是在1月中下旬，主要为管理类考生报名；第二次是在3月下旬，招聘技术类考生。商科类同学参加1月份的报名，考试时间在2月下旬，笔试成绩在4月上旬公开，之后由各单位组织面试。

考试内容分为公共科目考试和专业考试。公共科目考试和国考的行测类似，均为单选题，同样包括常识、言语、数量关系、逻辑判断、资料分析五部分，题目难度相对较低。商科类的专业考试也均为单选题，题量在100道左右，涉及专业课知识。

5. 各省选调和人才引进

选调生是各省党委组织部有计划地从高等院校选调品学兼优的应届大学本科及其以上毕业生到基层工作，并将其作为党政领导干部后备人选和县级以上党政机关高素质的工作人员入选进行重点培养的群体的简称。

选调生分为定向选调和非定向选调两类。定向选调根据志愿分配到省直机关和各地级市，分配最低是县级主要局办。非定向选调录取后安排到乡镇（街道）公务员岗位，有具体的服务期限。各省的选调政策和选调时间都不太相同，大部分集中在大四上学期，也有少数在大四下学期，如辽宁省选调。

各省选调生的报考条件都不太一样，如四川省的选调只要满足数项条件的一项就可以，福建选调则要同时满足各项条件。此外，福建省选调还需组织部对符合报名条件资格的同学进行筛选才可进入笔试环节，四川省的选调只需满足报名资格即可参加笔试。选调生的要求大致为学生干部、中共党员或优秀毕业生等，如果想要报考选调的话应关注往年的各省发布的选调要求，在大学期间向相关方面努力。在报考选调生之前，应详细地了解相关政策和报考时间，可以关注华图、中公等机构整合的信息，以及学校招生就业网的选调生相关信息。

选调生和国考、省考的区别在于如下几点。

①竞争对手不同。国考、省考若报考非应届岗位，则竞争对手较多，竞争强度较大。报考选调考试，竞争对手则限制在若干院校范围内，考试竞争比例一般小于国考、省考。

②组织关系不同。选调生的组织关系一般在市委、省委组织部，选调生在完成基层锻炼之后一般会调回区直、市直部门，具体隶属哪一部门具有不确定性。国考岗位一般隶属于中央部门，是中央部门在地方的工作人员。省考则是本省各单位招录公务员，报考时就确定具体工作岗位。

③后续发展不同。在遴选公务员时，部分省市会给选调生设置专门岗位，因此在遴选到省市直属部门时选调生具有一定的优势。

6. 关于选调生考试

选调生的考试内容主要分为笔试和面试两个环节，其中笔试内容参照各省具体要求，大致分为行测和申论两部分。考试整体难度不大，低于国考难度，是否需要报班因人而异，总之需要抽出一定的时间系统复习。报考时间各省存在差异，但大部分不冲突，具备选调生资格的考生可以参加多个省份的选调生考试。笔试完成后注意出分节点，一般按照 1：3 或者 1：5 的比例划定面试名单。笔试、面试时间，以及两者之间间隔，各省都存在差异，可以参考该省去年的时间，大致预判本年的时间。同时，可以关注相关公考机构的考试信息。

7. 关于省考的说明，以及省考和国考的区别

省考的岗位大部分由党委、政府、人民团体、参公单位提供，有省直、市直、区直、街道等部门，如组织部、宣传部、办公室、审计局、财政局等，具体招录的岗位详见本年度计划表。考试难度主要取决于竞争激烈程度，即报录比。在综合考虑个人意向之后，尽量报考应届生岗位、在自身条件符合的情况下限制多的岗位，这会大大减少竞争强度。非应届生岗位不仅竞争大，报考者的考试经历往往还较为丰富，笔试成绩、面试成绩通常较高，对应届生来说十分不利。

省考和国考的区别主要在如下方面。

①卷面难度不同。国考的难度大于省考的难度，具体体现在题量和内容深度。

②考试时间不同。国考时间一般在11月的最后一个周日，且全国都在同一时间考试，报考岗位的省份可以和实际考试地点的省份不一致。省考时间则不一致，但是以2023年省考为例，大部分省份都选择参加2月25日的联考。

③考取岗位不同。国考岗位一般为中央机关单位，或者是中央在地方工作的单位，如统计局、税务局、海事局、海关、证监会等。省考的岗位都是省级及以下单位岗位，如省直、市直部门，上级领导一般为省委、市委。

8. 省考的报名及考试时间

省考报名时间一般都在国考之后，所以大部分参加省考的同学都会参加国考，为省考积累考试经验。各省省考的报名时间大致在12月到1月这一时间段，具体的时间详见各省公务员考试网。2023年省考，大部分笔试时间都定在了2月25日，笔试结果在3月20日之后陆续公布，面试时间大致在4月中旬左右。省考的具体消息需要同学们在国考开始后随时关注本省的公务员考试网。

9. 事业编的说明，以及事业编和公务员的区别

事业编制是编制的一种，上文介绍的省考、国考考取的公务员岗位属于行政编制，事业编制属于事业单位的编制。事业单位并不是国家行政机关，而是由国家行政机关举办，受国家行政机关领导的社会公共组织，大部分是国家机关下属部门。如民政局下属的彩票售卖中心、人社局下属的考试中心、园林局下属的动物园等。

事业编制和公务员编制区别最大的一点就在于事业单位是公务员单位下属的部门，在职务晋升、工资待遇等方面都有不同。事业编内分为全额事业编制、差额事业编制和自筹自支事业编制三种；公务员系统的资金来源则全部依靠财政支持，不从事营业活动。但总的来说，事业编制和公务员编制都属于国家编制的一种。

参公管理的事业编和全额事业编制，在薪资上与公务员编制没有太大区别。而差额事业编和自筹自支事业编的工资则会与绩效相应挂钩，总体福利待遇也略低于公务员。在晋升渠道上，事业编的晋升路径也较为狭窄。

10. 事业编的报名及考试

事业编考试大多数要看本市的具体情况，有的市一年考一次，有的市一年考2～3次。以2023年为例，在4月29日有很多市参加事业编联考，考生在3月中旬左右就应该要注意考试报名时间。事业编考试不同于一年一次的省考、国考，有时部分单位会组织事业编考试，因此同学们要关注本市的人社局网站。

事业编的考试难度略低于省考和国考。在考试科目上，大部分事业编考试的内容只有一门行测，并没有申论考试。在试卷难度上，事业编考试考查的深度和难度都较省考、国考简单，因此事业编考试是相对简单的。

11. 三支一扶的工作环境和工作内容

三支一扶，即支农、支医、支教和扶贫。目前，由于国家已经进入全面建成小康社会阶段，故"扶贫"一词已较少提及，但工作整体变化不大。三支一扶的服务期为两年。服务期满后视当年政策可以享受到特设岗位、考研考编加分、转正等政策优惠。

支农是对于基层农业工作的支持，一般来说会在乡镇政府或农科站、农经站等地工作。支农岗位需要人员有一定的农学知识背景或要求农学相关专业毕业。

支医是对于乡村医疗工作的支持，一般来说会在卫生院、卫生所等地进行服务。注意支医岗位需要考查"医学综合知识"一项。一般来说招医学专业的比较多。

支教则是对于乡村教育工作的支援，一般工作地为当地的中小学。支教需要有教师资格证。

扶贫的工作比较宽泛，需要视服务地要求而定，一般在乡镇政府或者专门的扶贫办工作。扶贫工作的从业者一般没有专业限制。

总体来说，三支一扶的工作环境集中在乡镇地区，相比城市肯定是要落后一些的。但是三支一扶报考的难度相对较低，也有一定的政策优惠，可以适当进行考虑。

12. 考公考编的学习方法与考试准备

考公考编的科目根据岗位、地域有所不同，但都会考查行测和申论（除事业编）。行测即是对于综合素质的考查，其内容包括时政、数学、逻辑、阅读理解等，形式为选择题。申论则考查阅读理解能力、表达能力等，形式为作文题。

行测考查的范围较广，题目也较多，但单个行测题目难度并不太高，大部分题目经过思考都可以得到答案（时政除外）。但考试中行测的答题时间仅有两小时，很容易出现时间不够的情况。因此，行测对于考生的时间把握以及答题选择要求较高，答题时切忌扑在一个题目上。关于数学、逻辑等题目的学习，主要抓住题目背后的理论，化具体为抽象。阅读理解题同样也偏重对于数据的解读。当然，计算能力是必不可少的，尤其是短时间内计算较复杂的结果，要学会一些常用的比大小、分数小数转化、放缩等基本技巧。时政则要从平时就开始准备，由于考查面较广，临时抱佛脚的效果并不会很好。

申论主要以材料作文形式考查，不仅考查考生的作文能力，也考查考生分析问题和解决问题的能力。考生首先需要对材料进行一定的总结概括。对于材料中存在的问题，考生需要给出合理的解决方案。有时申论考试也有格式要求，因此考生对于公文格式要熟悉。申论的提升没有捷径，只有不断地练习和阅读范文。

目前，关于行测和申论以及其他特殊科目的准备，市面上已经有较为完备的教材和网课提供，视自己的需求购买和参考即可。

13. 哪些证书、技能或经历在考公考编中占优势

由于考公考编存在一定的特殊性，除非报考某些特殊岗位（如之前提到的三支一扶），专业证书并不像在其他职业中显得那么重要。无论个人的简历如何优秀，都要先通过笔试才有机会展示自己的经历和能力。而以下特别经历是有一定的价值的。

（1）**党员身份以及党团组织工作经验**。在很多岗位尤其是选调考试中，党员身份以及一定的党团组织工作经验甚至是报考的硬性要求（如央选要求考生必须是党员或预备党员）。毫无疑问的是，作为为人民服务的岗位，公务员系统（事业编）对于个人的思想道德品质要求较高，因此党员自然是优先考虑。

（2）**相关工作实习经验**。如果能在报考之前拥有一定的工作实习经验，自然就会有一些优势。当然这些经验并不如普通实习那么好获得。相关项目如三支一扶、研究生支教团、硕师计划等都对个人能力有一定的要求，各政府机关的实习名额也较少，志愿者活动虽然较多，但能够带来的优势很有限。因此，如果有意考公考编，一定要抓住工作和实习的机会，丰富自己的经历。

14. 确定自己的报考岗位要考虑什么因素

（1）**当年可报考岗位**。与规模较大的春招、秋招不同，考公考编的需求岗位每年都会有一定的变化。只有出现了岗位的空缺，行政部门才会进行招聘。此外，对不同专业的同学，有不同的岗位需求，要注意心仪岗位是否招收自己的专业，是否对党员身份、学生干部就职时长等因素有要求。因此，请在报名时重点关注岗位信息，根据招聘要求来选择自己的岗位，避免出现心仪岗位和自己条件不符合的尴尬局面。

（2）**地理位置**。地理位置是很重要的因素。公务员系统的流动性相比于在企业中就职较低，不容易实现地区间的调动。同样，不同的地区，由于经济水平、文化素质等因素的不同，所要面临的工作也会有所区别。因此，在选择岗位时请慎重考虑地理因素的影响，一般来说，选择的地点是自己希望长期定居或发展的地点较好。

（3）**报考人数**。公务员考试中经常会出现某岗位几百比一录取率的情况。因此，在确定报考前一定要关注竞争者的信息。如果能够找到竞争不大且适合的岗位自然最好，但千万不要盲目地报考高待遇、高人气的岗位，不然很容易浪费自己一年的时间。

（4）**其他一般因素**。报考公务员虽然和普通职位有很多程序、流程上的不同，但本质还是就职。因此，选择岗位时自然要考虑待遇、福利、工作时长、工作内容、个人风格特点等，综合考虑选择自己想要报考的岗位。

15. 有哪些渠道可以了解相关信息

公务员考试、三支一扶等的官方通告由各省（市）人事考试网或者当地人力资源管理网站发布。

第一，军队文职考试相关信息由军队人才网发布。为了更方便收到通知，可以关注网站对应的微信公众号，以便及时收到推送；第二，在微博关注相关超话，不仅能收到官方通知，也能了解同期报考同学的相关情况；第三，积极关注学院就业群，相关通知都会有专门的老师发布到群里；第四，关注一些辅导机构的公众号，或者添加机构老师的微信，他们会有大量信息定期发布；第五，咨询往届参加过考公考编的学长学姐。

16. 学校会在考公考编方面提供什么帮助

第一，学校会及时提供考公考编信息，包括各地选调、军队文职等，方便同学们第一时间了解；第二，学校会针对公务员考试举办讲座进行宣传，科普公考的基础知识；第三，针对某些考试，例如央选，学校会专门聘请校外专业机构的老师进行免费授课，包含免费资料；第四，对于考公考编所需资料的审核，学校基本会快速通过。

五 国际组织任职实习

1. 有哪些国际组织可以申请实习/工作机会？

国际组织求职同其他行业一致，需要确定三要素：机构、职能、职位类型。在高校毕业生到国际组织实习任职信息服务平台——国际组织介绍栏目，可以了解各类国际组织的详细介绍。以下为主要机构介绍：

（1）**联合国（UN）**。联合国是最具影响力的全球性国际组织之一，拥有众多下属机构和专门机构。商学院学生可以在联合国的经济、金融、贸易等领域找到合适的工作岗位。例如，在联合国贸易与发展会议（UNCTAD）中，学生可以参与全球贸易政策的研究与制定；在联合国开发计划署（UNDP）中，学生可以参与扶贫、减贫等项目的实施与管理。

（2）**世界贸易组织（WTO）**。世界贸易组织是负责管理和监督全球贸易体系的国际组织。商学院学生可以利用自身贸易法、经济学、统计报表等专业知识，

在WTO的贸易政策、市场准入、争端解决等领域发挥专长。通过参与WTO的工作，学生可以深入了解国际贸易规则，提升对全球贸易体系的认识。

（3）经济合作与发展组织（OECD）。 经济合作与发展组织是一个为政府提供经济政策分析和建议的国际组织。商学院学生可以在OECD的经济预测、政策评估、国际合作等领域发挥重要作用。OECD注重经济数据的收集与分析，为政府决策提供科学依据，这为学生提供了锻炼研究能力和数据分析能力的机会。

（4）世界银行（WB）和国际货币基金组织（IMF）。 作为金融类国际组织的两大巨头，世界银行关注减轻贫困和提高全球生活水平；而国际货币基金组织则提供临时财政援助，帮助各国缓解短期的国际收支困难问题。商学院同学可以利用其经济学和商业知识，协助对全球经济趋势、政策影响和市场动态进行深入分析，为国际组织提供数据支持等。

2. 国际组织与公司有什么区别？

（1）工作环境和文化。 国际组织拥有国际化的工作环境，强调多元、包容和合作，要求员工具备跨文化交流的能力，以应对不同文化背景下的工作挑战。此外，相较于受行业、领导风格和地域等因素限制的企业，国际组织在处理问题时更具包容性和灵活性，能够更好地理解和解决不同国家、地区之间的分歧和冲突。

（2）目标。 国际组织的主要目标是促进国际合作、解决国际问题、维护国际和平与安全等。而公司的目标则是追求经济效益。因此，在国际组织工作无需考虑过多的盈利需求，更多在于协调、解决问题。

（3）运作方式。 国际组织通常依据国际法和组织章程进行运作，其决策过程需要经过成员方的协商和一致同意。因此，工作重点强调协同问题解决。

（4）晋升机制。 不同于传统公司的晋升机制，首先从时间角度上看，国际组织没有明确的升职年限。升职也不一定会局限在同一部门。很多时候升职都是通过申请更高级别的新职位获得的。当然，从临时合同转为长期合同，或者是从编外的咨询顾问转成联合国的正式雇员，宽泛地讲都可以说是一种升职。同时，工作的流动性强。

（5）薪资福利。 国际组织通常提供更为稳定和统一的薪资结构和福利待遇，包括完善的社会保险、休假制度、住房补贴等，这些福利通常能够为员工提供一个相对稳定和舒适的工作环境。此外，国际组织往往注重员工的职业发展和培训，为员工提供了更广阔的职业发展空间和机会。

3. 如何选择国际组织？

（1）**自身感兴趣的议题和方向。** 了解国际组织的宗旨和使命，鉴定与自己的价值观和职业目标相契合。思考该组织是否致力于解决你关心的全球性问题，如可持续发展、减贫、气候变化等。如果关心发展问题，在解决贫困和可持续发展方面有兴趣和相关经验，可以选择 联合国开发计划署；如果关注性别平等，可以选择联合国妇女署；如果喜欢文化，可以选择联合国教科文组织。

（2）**学习的对口专业。** 世界卫生组织需要医学、卫生方面的人才，环境署需要环境科学、地理等专业的学生。当然支持性的工作需要的专业是多种多样的，对于商科学子来说，可以评估国际组织的主要业务领域，判断是否与自己的商科专业方向（如金融、市场营销、国际贸易、管理等）相匹配；查看该组织的职位描述，了解具体的工作内容和所需的技能，判断是否与自己的专业背景和技能相符合。

（3）**地理位置和发展前景。** 考虑国际组织所在的地理位置，评估其是否与自己的期望相符。在考虑文化差异和语言要求下，确保自己能够适应并融入该组织的工作环境。了解该国际组织在国际社会中的地位、影响力、发展趋势和前景。考虑该组织是否能够为你提供丰富的学习和发展机会。

（4）**薪酬和福利待遇。** 了解该国际组织提供的薪酬、福利待遇和其他津贴，确保它们能够满足自己的生活和职业发展需求。

（5）**多元信息收集。** 通过官方网站、社交媒体、招聘网站等途径收集有关国际组织的信息，包括其历史、组织结构、业务范围等。利用校友网络、社交媒体等渠道，了解已经在国际组织中工作的前辈的经验和建议，判断与自己的兴趣以及目标规划是否相匹配。

4. 国际组织职位类型

国际公务员通常分为 D 类（高级官员）、P 类（专业人员）和 G 类（一般事务人员）等。商科学生通常可以申请 P 类和 G 类职位。P 类职位通常需要较高

的专业背景和工作经验，而 G 类职位则更注重基本能力和语言能力。在国际组织中，员工可以通过努力工作和积累经验逐步晋升到更高层次的职位。

此外，部分同学可以申请到国际组织进行实习。这些国际组织对实习生也提出了一些要求：在读或毕业一年以内，掌握英语或法语，有相关专业背景，包括国际关系、国际法、政治学、经济学、统计学、新闻、翻译、公共行政、计算机等。实习时间一般在 2～6 个月，无薪资。工作地点可分为总部（如纽约）、办事处（日内瓦、内罗毕、维也纳）、区域委员会（如曼谷、贝鲁特、日内瓦、圣地亚哥、亚的斯亚贝巴）等。

5. 有哪些渠道可以了解国际组织任职实习相关信息？

（1）**高校毕业生到国际组织实习任职信息服务平台。**该平台上有各类国际组织的招聘信息，更新及时，同学们可以进行多封面的筛选。此外，也可以在该平台上查询各个国际组织的详细介绍。

（2）**国际组织人才信息服务网。**该网站"鼓励支持大学生赴国际组织实习任职"，主要有首页、动态消息、空缺岗位信息、了解国际组织、到国际组织工作、专题报道等栏目。不管同学们是想在大学阶段去国际组织实习，还是计划未来去国际组织就业，该网站都值得充分利用。

（3）**国家留学基金管理委员会。**该网站主要包含国家资助的国际组织实习项目，由国家层面遴选优秀学生并资助其去国际组织实习。

（4）**高校国际组织专栏。**例如对外经济贸易大学全球治理人才培养信息网里面记录了很多学生在国际组织实习的故事，其中也包含一些申请经验及求职指南。类似的高校国际组织专栏还有很多，可以关注各大高校的官网。

6. 申请国际组织实习机会有哪些途径？

一是通过目标组织的专业考试，进入人才储备库，获取候补机会。如联合国的青年专业人才（YPP）项目[①]，考试一般由笔试和面试两个阶段的测试组成。

---

① 联合国青年专业人员（YPP）考试是 2012 年联合国对原国家竞争考试（NCRE）改革后的考试项目，是联合国招聘工作人员的主要方式之一，由人力资源社会保障部协助联合国在华举办。联合国将对申请参加考试的人员进行初步的网上筛选，确定最终参加考试人员名单。

通过考试选拔的人员将进入联合国后备人员名单，当出现职位空缺时，由联合国从后备人员名单中选聘。

二是通过各方官网获取招聘信息自行申请，通过测试环节，获取实习机会。其一般流程分为：在线申请、简历筛选、综合素质笔试、面试、确定录取等环节。

7. 国际组织实习、任职需要求职者具备哪些条件？

（1）**语言水平**。联合国有六种官方工作语言，英语、法语、汉语、西班牙语、阿拉伯语、俄语，其中，英语和法语最为重要，两者兼具的求职者进入国际组织有着天然的优势。联合国的很多机构在招聘时都要求应聘者能够使用两种或两种以上语言进行交流。

（2）**专业知识**。想在国际组织实习、工作，求职者不仅需要较好的外语水平，还需要良好的专业知识水平。如果想去专业性较强的国际组织实习或者任职，需要具备一定的专业能力素养，以及具备运用专业知识进行沟通和解决问题的能力。

（3）**综合素质**。除上面两个方面的能力，求职者还需要具备国际组织、跨文化工作所需要的技能和能力，如演讲能力、组织计划能力、调研能力，以及团队合作精神。

8. 曾在联合国实习过的商科学生个人自述。

我是四川大学商学院2012级会计学(ACCA方向)专业学生，在联合国的实习机会，是通过在联合国官网进行申请得到的。联合国对于实习生的需求量还是很大的，当然在联合国实习是没有报酬的，可是依然有许多来自全球各地的年轻人来到联合国实习。

在联合国会遇到来自不同国家、不同背景的人。有在中国四大会计师事务所工作几年后出国留学，毕业后加入的；有在世界顶尖管理咨询公司工作近10年后选择在联合国继续发展的。与他们的沟通，对我的职业规划有一定的启发。同时，一个多元化的工作环境在很大程度上提升了我的沟通能力和协作能力，毕竟在日常工作中能了解到不同文化背景的人的不同工作习惯，学习他们在工作中解决问题的方法，为自己的职业发展打下一个良好的基础。

联合国的实习经历也为我后续的求职提供了很大的帮助。我不仅获得了一

些基本的工作技能，还学习了一个大型政府间国际组织成熟的工作方式，极大地拓宽了自己的视野。当应聘工作内容包含跨国团队协作的岗位时，这份实践经历亦能很好地向用人单位佐证自己的匹配度。建议大家多多留意联合国官网上实习生岗位的发布，只要大家用心申请，好好准备面试，是有机会获得联合国的实习岗位的。

在这里，我将简要概述联合国实习职位的申请流程。整个流程通常涵盖在线申请与面试两大阶段。在线申请阶段，需要精心准备个人简历，并附上必要的辅助文件，同时回答一系列旨在评估自己行为表现的问题。随后进入面试环节，此阶段通常由团队负责人亲自担纲面试官。联合国尤为看重申请人的沟通技巧、团队合作能力以及在保证工作质量的前提下高效完成任务的能力。因此，在申请及面试过程中，强烈建议大家基于个人真实经历，着重展现自己符合岗位要求的相关能力。

综合发展篇

综合发展篇

进入高校，学生不仅仅是要学习专业理论知识和专业技术技能，更重要的是要学会适应大学环境，并利用大学资源努力学习，不断提高自己的创新能力、发展能力。本篇以四川大学为例，向同学们介绍高校第二课堂、入党事项等内容，便于同学们快速了解高校的学习和生活，更好地经营大学生涯，成为全面发展的优秀大学生。

一、社团活动

1. 怎么找到社团的招新信息

四川大学的社团招新一般在9月初，涵盖文、理、工、农、医等各个学科门类。目前，按照学校统一规定，社团招新有固定的时间段和规范的流程。

具体的了解方法有：①咨询学长学姐，请他们推荐熟悉的社团，自己根据兴趣进行了解和选择；②在每年新生入学时，校社团联合会会在江安校区的青春广场组织社团"百团大战"，同学们可以去现场了解各个社团，有选择地报名社团组织。

2. 参加几个社团比较合适

一般来说，参加1~2个自己感兴趣的社团比较合适，学有余力的同学可以适当参加更多社团（原则上不超过3个）。举例如下：

①志愿公益类的社团推荐参加青年志愿者协会（发布众多志愿活动）、校图书馆志愿队（进行定期志愿活动）；②学术科技、创新创业类推荐参加学生学术科技协会（举办各类创新创业活动）；③组织管理类有校院级学生会、校团委秘书处等；④一些兴趣类的社团，大家可以根据自己的爱好和特长去选择。

3. 是不是只有具备相应才艺和技能才能加入社团

不是，很多社团吸纳新人都不强制要求其具有相应才艺和技能的（少数专业社团如管弦乐团除外）。社团一般会招纳对社团专注的领域有了解和兴趣的志同道合的同学，在其成功加入社团后，指导老师和学长、学姐会做相应的专业引导和帮助，并提供相应的资源以供新入社员更加深入地接触和学习。因此，申请加入社团以及参加社团面试的时候要展示出自己的热爱。

4. 如何准备社团面试

其实，自信大方地展示自己就好，让面试的学长学姐知道你是一个真诚、合群、负责可靠、对社团工作有一定了解和有热情的"萌新"。如果是群面，你不要表现得太有攻击性，适当地给每一位面试同伴表达的空间，清晰地输出个人的见解即可。如果是相关兴趣类的面试，可以展示自己对该领域的了解或兴趣。

5. 学校社团大致有什么类型

四川大学在册学生社团共计300余个，按照学生社团性质可分为七大类，分别是思想政治类、志愿公益类、创新创业类、学术科技类、文化体育类、自律互助类和其他类，涵盖了文、理、工、医四大学科门类。

6. 如何平衡好社团工作与学习

无论什么时候，学习都是学生的第一要务，同学们不能因为课外活动耽误学业，合理选择适合自己的社团，协调好社团工作和学习时间，像比较繁忙的期末月或课程繁忙周就不应该让社团活动占据过多的时间。建议多花时间思考各门课程的学习方法，适度提高学习的效率，业余时间才有更多的精力放到社团工作或活动中。此外，还可以尝试和其他社团成员多多合作，以最大限度地发挥"协同效应"。

7. 参加社团活动会有哪些收获

（1）**获得情绪价值。**参加社团活动可以结交一群志同道合的朋友，让自己的大学生活不再单调；也可以和知根知底的朋友一起参加校内竞赛，享受共同奋战的快乐。

（2）**获得信息渠道。**在相应的社团可以更快更全面地获得相关方向的活动竞赛信息。

（3）**获得必备积分。**加入社团可以取得第二课堂的积分。

（4）**获得技能提升。**不管是学术类的社团、服务类的社团、还是爱好类的社团，都可以让你接触到一些技能，就自身能力方面获得成长。

8. 届满该不该选择在社团留任

这应该结合同学们自身的规划进行选择。社团留任的考虑主要有以下几点。

①认识更多不同专业的优秀同学，将来可以成为一起做比赛的队友或知心的好朋友，同时他们的优秀品质也会激励自己继续努力。

②锻炼自己的组织能力、沟通能力等，避免自己成为只会闷头读书而综合能力较弱的人。

③社团聚集了许多不同专业的同学，是一个信息交流的平台，便于我们了解到各方面的信息，比如比赛、实习、转专业、保研、留学等。

当然，在社团留任也需要我们投入自己课余的时间，学会做好时间管理。在学有余力且能够较好地平衡社团工作与自身学业发展的前提下，在社团留任也是一个值得考虑的选择。

二 志愿活动

1. 志愿活动的参加渠道有哪些

校内的志愿活动可以通过志愿公益类社团或组织参与，可以加入图书馆志愿者、五彩石、美丽中国公益教育社、商学院"工商潮"志愿服务队等。一种参与方式是加入这些社团或组织，成为其中的一员。另外一种参与方式是，在这些社团有志愿活动的时候报名参与。大家可以密切关注校青志组建的各校区的QQ群，里面会发布各类志愿活动通知；也可以关注年级通知群，群里会转发各类临时性志愿活动另外，校内举办各种大赛时也会大量招募志愿者。注意合理安排时间，在学习之余参与志愿活动。

校外的志愿活动可以多多关注一下"天府新青年""志愿四川"等栏目，这些栏目上有很多校外组织发布的志愿活动，形式丰富，可以按照自己的想法主动参加。在找校外的志愿者活动的时候请大家一定要通过正规的渠道，最好不要单独行动，注意保护自己的人身、财产安全。

2. 如何结合自身兴趣选择志愿活动

要多渠道地了解志愿活动的招募及相关要求，才能更好地考察是否与自己的兴趣、特长匹配。如果擅长唱歌，擅长做手工，喜欢教育，推荐选择寒暑假支教；如果对竞赛运行、对外联络、媒体运行、场馆运行感兴趣，推荐选择各种竞赛、运动会的志愿活动；如果有类似于摄影、便民服务的兴趣，推荐在当地志愿者团队微信公众号上搜索各种社区活动。

3. 在川大怎么成为支教志愿者

可以通过川大支教社团参加。会举办支教活动的社团包括美丽中国、馨心社、义梦、研究生支教团等，同学们可以关注这些社团的招新活动、公众号，或通过表白墙等渠道了解招募支教志愿者的进度。此外，校青志会在假期承办"一起云支教"线上支教活动，相关信息可在四川大学教务处官网上查找。也可以通过其他支教平台，例如中华支教网、海子计划、出走世界义工旅行等参与。

4. 学校对志愿活动的时长的要求

一般来说，为了促进广大高校学子踊跃参与学校、社会公益活动，承担应有的社会责任，教育主管部门对学生参与志愿服务活动进行一定的鼓励和要求。比如《四川青年志愿服务制度改革试点方案》要求学生党员、团员全年志愿服务时长不得低于 15 小时，并将青年大学生年度志愿服务时长 20 小时以上，作为申领综合素质 A 级证书、评优评先、推优入团的必要条件。《四川大学商学院本科生深造指南》（2021 年版）获取推免研究生资格要求必须是志愿四川注册志愿者，三学年志愿服务时长累计超过 30 小时等。（只做参考，具体情况视各校各部门当年政策而定）

5. 为更好地参加志愿活动是否需要参加青志等组织

在四川大学，若想亲自参与志愿活动，都是需要自己去报名的。一般校内的志愿活动会通知各个学院的青志队长，再由他们发送通知到学院群中，同学们看到信息后自行报名，大部分志愿活动对志愿者报名条件并没有严格的要求，所以只要及时报名，大家基本能参加。不过类似大运会这样的大型赛事的志愿活动，除了报名之外，主办方还会对志愿者进行面试筛选，主要是考查志愿者的综合能力，但这与其是否在青志等组织任职并无直接关系。在青志这类组织中任职的同学，主要是作为各类志愿活动的组织人员进行策划、统筹及其他一些辅助性工作，

比如活动场地布置、审核其他组织申报的志愿活动、各个活动参与人员信息统计等，他们若想参与某个志愿活动，也是需要自己报名并且满足主办方条件的，因此并不会比其他同学有太多的优势。

在类似组织中任职能比其他同学提前知道更多的志愿活动信息，因此可以利用时间差提前报名，这一点在一些热门的志愿活动中体现得更明显。此外，由于有更多的组织活动经验，在一些大型赛事的志愿者面试时，可能会更受到主办方的青睐，参与优质大型志愿活动的机会更大，但这一优势也可以通过在其他组织任职中得到。

三、第二课堂

1. 第二课堂活动都有哪些

以四川大学为例，"第二课堂"项目涵盖思想政治与道德素养、社会实践与志愿服务、学术科技与创新创业、文化艺术体育、社会工作与领导能力、技能特长与业务培训、其他第二课堂活动共计七个方面，对应培养学生理想信念、责任担当、国际视野、学习思考、创新创业、沟通表达、实践动手、团队协作、身心健康、审美素养共计十个维度的综合素质能力。比较经典的活动有"锦水论坛""运动正青春"以及各学院举办的活动等。

2. 除了自己学院的第二课堂活动，如何参加别的学院的第二课堂活动

关注学校表白墙、SCU 科协公众号和各大学院学生会等官方公众号，以及加入 SCU 竞赛圈通知群等交流 QQ 群，一般会接收到比赛相关的推文。如果注明有第二课堂，可以加入比赛群，再在四川大学微服务公众号"第二课堂"栏目中找到对应的第二课堂活动报名。

3. 怎么申请举办自己的第二课堂活动

找到第二课堂版块内自己所属的群落，例如，学校机关单位、校级学生组织、学院、班级团支部、社团等。通过联系群落管理员申请活动，再等候审核。审核通过后就可以举办活动了。

四　社会实践

1. 社会实践的活动类型及时间

社会实践主要分为寒假社会实践和暑假社会实践，一共有两个适合参与的时间段。每次临近寒暑假时，"青春川大"官网会发布该次社会实践的通知，涵盖活动主题、活动内容、活动安排等，并建立社会实践群发布部分通知公告，同学可自行组队、加入学院或学校团队以开展社会实践活动。

2. 社会实践和科创等比赛可以结合吗

社会实践和科创等比赛可以结合。具体有以下的方式。

① "挑战杯"全国大学生课外学术科技作品竞赛（"大挑"）社科类赛道、红色专项活动、社科类揭榜挂帅均是提交调研报告及视频，可以与社会实践结合。

② "挑战杯"中国大学生创业计划竞赛（"小挑"）、"互联网+"全国大学生创新创业竞赛、"青年红色筑梦之旅"均有社会实践要求，通常进入省赛的队伍会组织暑期社会实践。

③全国大学生市场调研分析大赛作品提交为调研报告，亦可与社会实践结合。

3. 有哪些学校认可的比赛和活动可被归为社会实践类

（1）**文艺体育类活动**。校内的"凤鸣""凤展"以及运动会等可被归为社会实践类活动。

（2）**志愿公益类活动**。校内志愿活动如运动会志愿者、图书馆志愿者、向阳花志愿者等都属于志愿公益类实践。

（3）**其他课外活动**。全国高校廉洁文化作品征集活动、全国三下乡社会实践活动、全国大学生海洋知识竞赛活动、四川省大学生机器人竞赛、校内"挑战杯"系列竞赛，以及学院内部征文、演讲比赛都归为社会实践活动。（具体情况视当年政策而定）

4. 社会实践可以产出什么类型的成果

（1）**调研报告**。调研报告是社会实践最基础的成果，通常针对调研地某一问题（如乡村振兴、教育、文旅建设）进行调研分析，主题须与确定的问题及社

会实践要求息息相关。

（2）调研视频。 调研过程、调研结果、部分访谈均可剪辑成视频，形成观感较强的调研成果。

（3）新闻报道。 其形式包括网站格式和推送格式，优秀的新闻稿可以刊登于学校各类公众号如"四川大学青年志愿者协会"上，调研过程中也可以联系当地媒体进行相关报道，以扩大影响力。

（4）论文、资政报告。 如调研成果较为翔实，可以产出论文或资政报告，形成学术性、实践性较强的成果。

五 入党事项

1. 入党流程怎样的

入党需要经历以下流程：申请人年满18周岁，提交入党申请书；党组织收到申请书之后，与申请人谈话了解基本情况。

采取党员推荐、团支部推优等方式在入党申请人中确定入党积极分子，由党支部支委会研究决定并报上级党委备案；党支部安排两名正式党员作为入党积极分子的培养联系人，对其进行考察培养，并及时向党支部汇报入党积极分子现实表现和思想成长情况；党组织安排入党积极分子听党课、参加党内有关活动，分配给他们一定的社会工作以及集中培训等，对积极分子开展党性培养和教育；党支部每半年对入党积极分子进行一次综合考察；入党积极分子原则上每个季度至少向党支部提交一份思想汇报，反映自己的理论学习及思想成长情况。

经过一年以上培养教育和考察、基本具备党员条件的入党积极分子，在听取党小组、培养联系人、党员和群众意见基础上，支部委员会讨论并报上级党委备案后可列为发展对象，并指定两名正式党员作为其入党介绍人。党组织对发展对象进行政治审查，安排发展对象进行党校集中培训。

政审合格及党校培训顺利结业后，由党支部提交基层党委预审，经基层党委预审合格的发展对象，由党支部进行公示，公示期满后由支部委员会提交支部大会讨论。召开讨论接收预备党员的支部大会，有表决权的到会人数必须超过应到会有表决权人数的半数，才能通过接收预备党员的决议。

预备党员预备期满一年、认真履行党员义务、具备党员条件的按期转为正式党员；需要继续教育和考察的，可以延长一次预备期，延长时间最短不少于半年，最长不超过一年；不履行党员义务、不具备党员条件的，应当取消其预备党员资格。

2. 入党需要做哪些准备

（1）思想上。

入党不仅要在组织上入党，更要在思想上入党。想要入党，首先要在学习、工作、生活中发挥先锋模范作用，吃苦在前，享乐在后，全心全意服务群众，充分发挥党员的服务功能。加强理论学习，提升思想政治觉悟。积极学好专业知识，理论联系实际，提升个人综合能力，时刻准备着为国家建设发展做贡献。

（2）材料上。

整个入党流程中需要准备一整套材料，根据《中国共产党发展党员工作细则》（以下简称《细则》），不同的基层党组织对具体材料有些许差异，但总体要具备符合《细则》所规定的完整发展流程对应的主要材料。

3. 入党过程中我们将有哪些收获

（1）提升思想水平和政治素养。

入党过程中会多次参加党性教育和道德实践，对党的理论和政策会有更加深刻的理解和认同。大学生通过学习党的理论和政策，提高思想水平和政治素养。

（2）加强组织观念和纪律意识。

加入党组织让我们始终明确要遵守党的纪律，强化组织观念和纪律意识，提高自身党性修养。

（3）充分用好党组织平台。

大学生党员可以通过党组织平台，参与各种组织活动和服务工作，增加工作交流的机会、博采众才，增强组织能力和工作经验。

（4）明晰职业发展路径。

加入党组织后思想政治水平及理论水平得到极大提升，通过组织的培养选拔，可以更多地参加如选调、公务员考试、三支一扶等更多需要党员参与的职业岗位，将自己的职业发展同国家建设发展紧密结合。

（5）提高社会责任感。

成为党员后，更加意识到自己的社会责任和使命担当，能够更加积极地参与社会实践活动和各类服务工作，履行党员全心全意为人民服务的宗旨，造福社会。

（6）增强理论联系实际的能力。

党员的教育培养过程注重理论联系实际，通过各种理论学习和实践锻炼，要求党员注重将理论学习中的思想伟力转化为指导实际工作的推动力。

4. 入党程序是怎样的

根据党章和《中国共产党发展党员工作细则》规定，入党程序主要包括以下内容。

①要求入党的申请人向党组织提出入党申请。

②采取党员推荐或群团组织推优等方式产生入党积极分子人选，由支部委员会研究确定入党积极分子，并报上级党委备案。

③组织指定一至两名正式党员作为入党积极分子的培养联系人。

④党组织对入党积极分子进行一年以上的教育观察，对基本具备党员条件的，在听取党小组、培养联系人、党员和群众意见的基础上，经支部委员会讨论同意并报上级党委备案后，可列为发展对象。

⑤党支部指定两名正式党员作发展对象入党介绍人。

⑥党组织对发展对象进行政治审查。

⑦对发展对象进行短期集中培训。

⑧支部委员会对发展对象进行严格审查，经集体讨论认为合格后，报具有审批权限的基层党委预审。

⑨基层党委预审后，审查结果书面通知党支部，并向审查合格的发展对象发放《中国共产党入党志愿书》。

⑩支部委员会将基层党委预审合格的发展对象提交支部大会讨论，作出决议，并报上级党组织审批。

⑪上级党委指派党委委员或组织员同发展对象谈话，作进一步的了解。

⑫上级党委集体讨论和表决，将审批意见通知报批的党支部，并报上级党委组织部门备案。

⑬被批准入党的预备党员面向党旗进行入党宣誓。

⑭预备党员预备期满后，向党组织提出书面转正申请，经支部大会讨论通过，

报上级党组织批准，转为正式党员。

5. 申请入党需要具备的条件

申请入党的条件又称入党资格，即具备什么条件的人才能申请入党。按照党章规定，申请加入中国共产党，必须具备以下五个基本条件：

①年龄在18岁以上的中国公民。一个人在成年后才可能有比较确定的政治判断力，并确立自己的政治信仰和终身志向。加入中国共产党必须是具有中国国籍的工人、农民、军人、知识分子和其他社会阶层的先进分子。申请入党的人必须年满18岁，由本人向党组织提出书面入党申请。

②承认党的纲领和章程。"承认"，不仅是口头上的拥护和接受，更重要的是有实现党的纲领、执行党的章程的行动，立志为共产主义奋斗终身。

③愿意参加党的一个组织并在其中积极工作。只有全体党员都参加党的一个组织并积极工作，才能保证全党在思想上、政治上、行动上的高度一致，党才有战斗力。

④愿意执行党的决议。党的决议代表全党的意志，必须贯彻执行。如果每个党员可以自行其是，党的团结统一就会受到破坏，党就没有战斗力。

⑤按期交纳党费。这是每个党员的义务，是党员关心党的事业、有组织观念的一种表现。

6. 入党申请书应如何写

入党申请书没有固定的格式，但一般应当有以下基本内容。

①为什么要入党，主要写自己对党的认识和入党动机。

②自己的政治信念、成长经历和思想、工作、学习、作风等方面的情况。

③对待入党的态度和决心，主要写自己应该如何积极争取加入党组织，表明自己要求入党的决心和今后工作、学习、生活等方面的打算。

7. 写入党申请书时，应注意以下问题

写入党申请书，是申请入党的人向党组织表明自己的入党愿望和决心。对这一件十分严肃的事情，写入党申请书时应注意以下问题：

①要认真学习党章和有关党的基本知识，了解党，认识党，树立正确的入党

动机。要联系思想实际谈自己对党的认识，向党组织交心，切忌只抄书抄报，不谈真实思想。

②要对党忠诚老实，如实向党组织说明自己的政治历史、本人经历等有关情况，不得隐瞒或伪造。

③入党申请书一般应由本人书写。如因文化程度低、病重、残疾或其他特殊原因，不能亲自书写的，可以由本人口述，请别人代写，但要说明不能亲自书写的原因，经申请人署名盖章或按手印后交给党组织。

8. 入党积极分子应具备的条件

对入党积极分子原则上也应按照党章规定的党员标准来衡量。但毕竟入党积极分子刚要求入党不久，对他们不宜提出更高的要求。因此，入党积极分子一般应具备以下条件：

①积极拥护和坚决执行党的路线、方针、政策，在思想上、政治上同党中央保持一致。

②对党有比较全面深刻的认识，积极要求入党，决心为共产主义奋斗终身。

③在生产、工作、学习和社会生活等方面表现突出，是改革开放和社会主义现代化建设的先进分子。

④树立正确的群众观念，作风正派，团结同志，在群众中有一定威信。

9. 确定入党积极分子的程序

入党申请人能否被确定为入党积极分子，不能由党委或党支部的个别负责人指定。确定入党积极分子，一般有以下程序：

①采取党员推荐、群团组织推优等方式，从入党申请人中推荐入党积极分子人选。

②党支部认真听取有关方面意见。

③支部委员会（不设支部委员会的由支部大会）充分讨论，研究决定入党积极分子。

④党支部将入党积极分子有关情况报上级党委备案。

10. 入党积极分子要经常向党组织汇报自己的思想和工作情况

入党积极分子经常向党组织汇报自己的思想和工作情况，是党组织有针对性地对入党积极分子进行培养教育的需要。党组织可以根据入党积极分子的思想和工作情况采取具体的培养教育措施，还可以根据入党积极分子汇报的情况来判断和衡量其政治上成熟的程度。同时，这也是增强入党积极分子组织观念的需要。入党积极分子可以通过汇报思想和工作情况，听取党组织的意见和要求，及时得到党组织的教育和帮助。

入党积极分子一般每季度向党组织汇报一次思想和工作情况。汇报思想和工作情况，无论是书面的还是口头的，都要实事求是，忠诚老实，一分为二，这样有利于党组织全面真实地了解自己。

11. 发展对象应具备的条件

确定入党积极分子为发展对象，应具备以下条件：

①一般应经过党组织一年以上的培养教育和考察。

②完成了规定内容的培训教育。党组织要对入党积极分子进行党的基本理论、基本路线、基本知识等内容的教育。

③基本具备党员条件。确定入党积极分子为发展对象，必须符合党章规定的党员条件。对先进性不明显、群众威信不高、不具备党员条件的，不能确定为发展对象。

12. 申请人、积极分子、发展对象之间的联系和区别

入党申请人、入党积极分子、发展对象是发展党员工作中具有特定含义的三个概念。三者之间既有联系又有区别。对于要求入党的同志来说，这三者是其入党前逐步具备党员条件的不同阶段；对于党组织来说，是衡量要求入党的人培养成熟程度的标志。

从发展党员工作过程来看，凡符合党章第一条规定，向党组织正式提出入党申请的人（一般应书面申请），均称作"入党申请人"。经党员推荐、群团组织推优等方式产生人选，由支部委员会（不设支部委员会的由支部大会）研究决定，可确定为"入党积极分子"。党支部要将入党积极分子报上级党委备案，对他们

一般应指定培养联系人，并有具体的培养教育计划和措施。对经过一年以上培养教育和考察，基本具备党员条件的入党积极分子，在听取党小组、培养联系人、党员和群众意见的基础上，经支部委员会讨论同意并报上级党委备案后，对其中准备近期发展的，列为"发展对象"。

大学生活 篇

大学生活篇

一、校内生活

1. 食堂饭菜无法适应怎么办

同学们初来大学，一定有许多不适应的地方，饮食就是其中的一个方面。以川大食堂为例，大多菜色以川菜为主，往往重油重辣，这对于爱吃辣的同学来说是如鱼得水，但对于不爱吃辣、不耐油盐的同学来说可能会有些烦恼。不过，不适应饮食也不意味着你的校园生活会因此黯然失色。

首先，关于吃辣的问题。虽说学校食堂的饭菜会放不少辣椒，但还是有许多其他选择。例如，四川大学望江校区东三食堂轻食窗口的菜品口味就清淡许多；东三食堂二楼的饭菜可能会更适合北方同学的口味；望江校区活动中心食堂还新开了水煮菜的窗口，这也是一个不错的选择。除此之外，许多食堂窗口的菜是可以选择清汤或者红汤的，比如面、米线、饺子、抄手一类。就连食堂的冒菜窗口也可以选择无辣，甚至可以跟阿姨申请不加荤油。仅四川大学望江校区就有八个食堂，慢慢寻觅，总能遇到你钟爱的窗口。

不仅如此，学校内部还有一些小商贩和"苍蝇馆子"，如果错过了食堂的饭点或者想换换口味但又不想走太远，这些也是很好的选择。例如，可以到望江校区体育场南面的包子铺吃很好吃的包子和烧卖等，即使错过食堂供应时间，也能吃到丰富的早饭。至于午饭和晚饭，除了食堂外，望江校区的清真食堂一带还有着不少的小吃，同学们可以在其中收获心仪的美食。值得一提的是，坐落在各类城中村的望江校区内还有不少村民自开的小餐馆，这些小店往往都隐藏在居民楼内和街道角落，许多饭菜不仅可口而且实惠。在川大，这些美味都值得大家逐一品尝。

其次，关于口味问题。初来乍到，相信同学们一定会非常思念家乡的菜肴。如今各类网购平台都有一些速食或者佐饭小菜，同学们也可以适当选择。不管如何，一定要保证自己好好吃饭，吃得开心，这样才能全身心地投入精彩的校园生活和学习任务中。

2. 有哪些获取学校生活信息的渠道

如今，信息时代获取学校信息的渠道可谓多种多样，想必不少同学在来到大学前就已经对学校有所了解。这里不得不提的是承载着丰富的"顶流"小红书，它也是大学生非常乐意分享生活的平台，相信同学们对它已经非常熟悉了。不仅如此，各大学校在知乎、微博等社交平台上也有相应的官方账号，大家可以持续关注。

除了这些公开平台，大学生还有哪些信息沟通平台？以四川大学为例，聚集川大人最多的公开平台之一就是四川大学表白墙了，这是一个聚集了上千人的公开账号。它虽然叫作"表白墙"，但它的功能却远不止表白这么简单。无论你是要找学习搭子还是想抱团出街又或者有生活疑问，都可以把你的想法发给运营的账号，它就会在一天之内把你的信息挂在空间里，让你很快就能找到自己需要的伙伴。此外，还有一些校内聊天群，例如四川大学万能群、四川大学新生群等，会在群内发布各类消息。但要注意擦亮眼睛，谨防电信诈骗。不仅如此，在微信平台，还有一个名为"川大集市"的校内小程序，同学们也可以在上面获得更多丰富有趣的信息，丰富大家的校园生活。至于其他各类小众圈子的信息渠道，相信大家只要用心发现，就一定能够找到更多有趣的同伴，寻找到属于自己的天地。

二 校内设施

1. 校内有哪些可以自习、背书、散步的空间

各大高校的校园内都有很多适合同学们读书学习的安静空间，四川大学亦是如此。

1）自习地点

（1）**图书馆。** 自习地点首选自然是图书馆。川大每个校区的图书馆各有特色，为广大学子提供了安静、舒适的空间，十分适合自习。

（2）**教学楼空教室。** 图书馆容量有限，如果图书馆没有座位，那么空教室也是同学们自习地点的重要选择之一。同学们可以提前在四川大学微服务上查看空教室情况，出发前就选择好自习教室。

（3）商学院六楼学习园地和其他楼层的座位。四川大学商学院专门在学院楼内设立座椅方便同学们学习，不过因为数量有限，可能需要同学们提前一点时间到达。

2）背书地点

（1）望江第三教学楼早读教室。第三教学楼专门设立了早读教室，但需要注意的是早读时间是早上的 7：00 到 7：40，请同学们不要错过时间。

（2）文理图书馆二楼的背书吧台。图书馆内的吧台虽然允许背诵，但适合较小声地背诵，不然可能会影响其他同学自习。

（3）工学图书馆一楼的早读走廊。工学图书馆的早读走廊隔音效果很好，同学们可以大声地朗读。

（4）基础教学楼的顶楼天台。天台风景优美，但是因为是露天，可能在冬天会比较冷，而在夏天蚊虫可能较多。

（5）学校内各种花园和绿地旁的座椅。这些座椅分布众多，不过对于部分专注力不强的同学们来说，路上人来人往的嘈杂声会有一定干扰。

3）散步

（1）操场：操场无疑是最佳的散步地点。在散步的同时还可以计算自己的步数和公里数。同时，在操场有大量的同学一起运动，运动氛围极好。

（2）文化大道：从望江校区南门一直沿着文化大道的线路，十分适合散步，如果一路再走到北门或者东门的荷花池，也可以领略到不同的校园风光。

（3）江安的环形大道：沿着江安的环形大道可以体会到江安的各种景色，在欣赏校内风景的同时还可以锻炼身体，而且也没有较多机动车辆，安全性高。

2. 校内运动场地是如何预约及使用的

四川大学不仅学习资源丰富，体育锻炼资源也是一流的。校内有各类田径场、羽毛球场、足球场、篮球场、乒乓球场、排球场、网球场以及游泳馆、健身房等。这些场地都有着一流的装潢设备，随时欢迎同学们前去锻炼。

至于场地的相关预约，各类场地有着不同的要求。首先是无须预约且没有费用要求的场馆，这其中包括田径场、乒乓球场、篮球场和排球场，这几个场馆是免费开放给大家使用的，同学们可以随时去锻炼。其次是无须预约但是有费用要求的场馆，如游泳馆、健身房、足球场等。但是大家不用担心，学校的收费远远低于市场价格。最后是需要预约且有费用要求的场馆，如羽毛球场和网球场。2024 年，四川大学微服务在校内推出了羽毛球场和网球场等的预约小程序，每天早上 9 点开放，同学们可以在全天内任选一个时段，预约后在系统内付费即可。大家不用担心预约后因后续安排有变而无法使用的问题，只要在预约之前的一个小时取消，费用就会马上退回你的账户中。不过请大家注意，羽毛球场和网球场的地板比较特殊，请大家不要穿皮鞋或者钉鞋入场。

3. 图书馆借书、预定研讨室相关指南在哪里查看

相关信息可以关注四川大学图书馆公众号，公众号会推送图书馆资源、讲座等相关信息。同学们还可以点击馆藏资源，查看移动图书馆、查询与预约图书、预约研讨间，其中，公众号上的个人中心版块有新生入馆教育、毕业对账单、我的借阅、绑定与解除功能，其他服务版块有讲座预约、微阅读、智能咨询和明远学习榜功能。大家可以按照自己的需求点击不同版块获取相关信息。

三 个人调适

1. 没有住校经历，如何快速适应集体生活

没有住校经历也不用焦虑与慌张。新来宿舍可以和室友交流一下大家的生活习惯，比如睡觉和起床的时间，减少因为作息习惯不同而引发的矛盾。除此之外，准备好习惯的日常用品，使用自己惯用的物品会带来一定程度的安全感。

2. 期末考试月压力大怎么调节

在大学，我们的学习方式、考试模式、思维方式等都和高中存在明显的差异。如果无法适应，这就很容易使得我们在考试月产生很大的学习压力。

其主要原因如下：

（1）**平时不认真，期末抱佛脚。** 在大学，由于没有老师的实时监督，一部分不自律的同学可能会有所松懈，上课时不认真听讲，课后不按时完成作业。临

到期末什么也不会，复习即预习。

（2）**不适应大学的学习模式。**在大学自学能力很重要。老师在上课时主要是培养同学们的思维模式，很多具体知识还需要同学们自己在课外去学习和补充，对于商科的同学来说，部分课程考查的知识点非常细致，老师上课可能无法面面俱到。如果课后不及时学习和巩固，考试时就会两眼一抹黑。

（3）**熬夜看书，作息混乱。**在大学，许多同学的作息非常不健康，经常存在日夜颠倒的现象。而在期末月时，为了考前突击，一些同学会抓紧一切的时间，熬夜看书学习，这不仅会造成当时学习效率低，还影响第二天的学习或考试状态。

调节好在期末月的状态是非常重要的，以下是一些具体的调节方法。

（1）**放松心态。**我们要知道，大学的课程分数的计算机制和高中是不同的，大学多了一个很友好的得分项——平时分。所以，只要平时分数保持住，对于期末的考试我们不必过于追求极致，给自己太大的压力。同时，平时分还有一个意义，就是督促同学们在平时的学习过程中保持一个认真的态度，这样不仅可以拿到平时分，还可以打好基础，减轻期末的压力。

（2）**制订好复习计划。**我们会考前焦虑，很大一部分原因是无法完成复习，无法准备得更加全面。这时，有一个较强实施性的复习计划就非常重要。在制订复习计划的过程中，我们也会对课程的大纲有一个清晰的梳理。这样，按部就班地复习对于我们减轻压力是非常有效的。一方面，我们的心态会更加稳定；另一方面，打卡式的复习使得我们对整体复习的进度做到心中有数。

（3）**向老师请教。**压力大的另一大原因来自不知如何复习。在这样的情况下，可以向任课老师请教或者在网络平台上，例如慕课网等，寻找相关的课程，跟着网上老师的课程进行课程的知识梳理和有效复习。有了老师的引导，我们的压力会大大减小。

（4）**保持一个健康规律的作息。**健康的作息可以使我们更加精力充沛、头脑清醒，以更好的状态投入复习当中。

（5）**进行一些排解压力的娱乐和运动。**例如，抽空看一部放松心情的电影，骑自行车在校园兜风，在操场夜跑等。

3. 优秀同学环境中，如何客观认识和评价自己

可以把周围的优秀同学作为自己学习的榜样，在这个过程中，自己如果没有一个正确的心态，那么很容易产生负面情绪，对自己的评价也会不够客观。以下方法或许可以帮助解决这个问题。

1）防止让过去的信息过度影响自己此时的判断

过去的成功或者失败可能会作为我们对自己评价的一个标准，但不能对其过度依赖。因为人处于一个不断发展和变化的过程中，想要对自己做出客观的评价，就要防止一味地依靠过去某一次的成功或失败来衡量自己，应更多地关注自身当下的状态。

2）学会识别并适当忽略一些"扭曲"反馈

在生活中我们不可避免地会接触很多外界的声音，如父母、老师的批评，朋友的评价，甚至一些来自陌生人的评论。这些声音会让我们觉得自己很差劲，进而对自己产生怀疑。除此之外，我们也会听到很多夸奖的声音，有些是真诚的，有些则有夸大的成分。这很容易使自己在赞美声中认不清自己。以上这些反馈都是经过别人的主观加工，不可轻信。想要对自己有一个客观的评价，就要结合家人、朋友、同学等相处时间较长的人对你的反馈和自己对自身的评价，真诚的建议可以适当采纳，夸奖和批评可以参考但不要完全相信。

3）避免过于追求完美主义，与自己和解

很多时候我们对自己的要求过于严苛，总觉得自己说的和做的达不到自己理想的标准。长时间处于理想和现实的落差之中只会让自己陷入失望与挫败感之中，导致怀疑、自卑等负面情绪出现。因此，我们应该更多地学着与自己和解，接受自身的不完美，客观认识不足和短板，并积极改正。

4）可以借助科学量表等工具做评估

借助性格测试量表，可以帮助你更好地了解自己的性格，情绪激动时能更好地调节情绪，发现自己未来发展的更多可能性。借助盖洛普优势测试，可以帮助你更深层次地挖掘自身优势、潜在优势、适合的工作行业等，帮你树立自信心。

4. 如何更好地利用时间，保持自律

对于刚刚入校的大学生来说，相对高中的学习环境，大学的学习时间和氛围更加自由，没有了严格的计划和外界监督，这就需要大学生自己做好目标规划和

时间管理。

首先，学会制订计划。为了保证闲暇时间能够被充分利用，对自己的学习生涯甚至是职业生涯做好未来规划是非常重要的，有了明确的目标，才可以确保自己有事情做和做对的事情。确定目标之后，可以制订长期或短期的可执行目标，可以详细制订每学期、每月、每周、每天需要做的事情。

其次，采用时间管理策略提高效率。明确待办事项以后，要做好时间规划，并按照计划按时完成既定任务，其中重要的是要集中注意力，避免分心，方能高效完成任务。我们也可以利用小工具和应用程序等帮助我们更好地管理时间。

最后，总结复盘并积极和他人进行交流也是提高效率、保持自律不可或缺的一项。可以采取记日记、手账等方式总结每日成果，也可以加入一些时间管理或自律社群，和他人讨论和分享经验想法，通过App软件打卡实现自我监督。

下面是一些关于时间管理的建议。

（1）规划待办要建立优先级。

推荐采用重要紧急矩阵法，将任务分为重要且紧急、重要但不紧急、不重要但紧急、不重要不紧急四个象限，按照优先级进行排列。每天需要首先考虑完成的是重要且紧急的任务，琐事可以在闲余时间插空处理，给其他任务留出更多整块的时间。

（2）切勿沉迷手机，避免分心。

大学生"低头族"已经成为普遍现象，为了避免分心，可以到图书馆、自习室等学习氛围更浓厚的场合学习，尽量避免选择宿舍等嘈杂或适合休息的环境。在完成任务时，要尽可能地集中注意力，将重点放在当前任务上，避免分心；也可以使用手机计时软件帮助控制屏幕使用时间。

（3）寻找学习伙伴，实现外界监督。

与他人交流学习经验、互相监督，可以帮助我们更好地管理时间和保持自律。学习伙伴可以是室友、同学、朋友甚至是网络上志同道合的陌生人，只要能够互相监督，拒绝懒惰，有机会的情况下交流和讨论学习内容，都可以实现"1+1>2"的协同效果！

5. 面对陌生的环境，怎么调整心态

（1）在陌生环境中做熟悉的事。

尝试在陌生的环境中找到熟悉的感觉或事物，比如去做自己感兴趣或者擅长的事，让自己在陌生的环境里有熟悉的事可做，会分散自己对陌生环境的关注，便会更容易适应。

（2）尝试建立新的社交圈子。

在陌生的环境，不管是与同学、同事还是陌生人，可以先从当地的习俗、日常生活，甚至天气等话题入手，适当的交流可以拉近距离。同时，一些无关痛痒的小八卦也可以使自己快速融入。当然，也可以利用社交媒体或平台，但需要注意的是，要注意甄别诈骗行为。

（3）熟悉环境。

如果你是一个社恐，可以先尝试建立与环境之间的熟悉感，比如自己去探店、单纯地散步、在小巷子里行走等。慢慢地与周边的环境建立联系，自己就会自在很多了。

（4）了解当地文化。

如果去的是陌生的城市或者国家，可以先去当地的博物馆、美术馆等走一走。了解一个城市最快的方式之一就是去参观博物馆，这样可以快速地建立熟悉感。同时，可以利用社交媒体关注一些当地的公众号、博主等，获知本地近期的事件或者生活相关的资讯，这样可以减轻很多焦虑和陌生感。

（5）专注自身要做的事。

在陌生的环境中，当你集中精力于眼前的事情时，环境本身带来的影响就会减弱很多。此外，在陌生环境中完成一件你要做的事所带来的成就感也会在一定程度上抵消你的焦虑不安。当然也不要刻意强求自己用功，没有头绪的时候静静地思考才更加有用。

6. 舍友之间如何更好相处

宿舍是属于大家的公共空间，良好的环境需要大家共同维护。平时看到宿舍有垃圾随手打扫一下，寝室同学有困难及时提供帮助，多关心同学。可以和舍友们形成一些约定，比如几点熄灯、午休时间保持安静等。寝室同学来自天南地北，生活习惯可能不同，因此在寝室，同学们要尽量融入集体生活，学会换位思考，关注自身的需求也要关注他人的需求。如果生活中产生摩擦，舍友之间要及时交

流沟通，力争消除误会；使用别人东西之前要先打声招呼，表示礼貌和尊重；得到舍友的帮助后，不管事大事小，都请记得表达一下感谢，共同营造友爱和谐的寝室氛围。

7. 与同学产生矛盾如何解决

1）保持冷静，不要冲动

在与同学发生矛盾后，尽量保持沉着冷静，通过摆事实、讲道理的方式与同学进行交谈。如果对方无法控制情绪，可以暂时停止交涉，给双方一个冷静思考的时间。

2）判断性质，严重时务必上报

在发生冲突后，请同学们认真思考事件的性质，如果双方能够冷静下来且未涉及违纪违法问题，可以选择协商和解；如果事件性质较为严重，甚至涉及违纪违法等原则性问题，请同学们立即将真实情况反映给辅导员老师。

3）心理问题，及时疏导

如果在发生冲突后，同学们感觉自己的精神状态不佳，心理状态有所变化，该冲突事件已经影响到了个人的生活和学习，应立即将情况上报给辅导员老师，且可以选择上报的同时预约学院心理健康中心的心理咨询老师进行心理疏导。

4）关注个人成长，拒绝情绪内耗

在大学生活中，同学们会感受到丰富多彩的生活方式给自己带来的冲击，也会感受到成年后来自四面八方的压力，加之面对各种新的人际关系，如果这时与其他人产生冲突，便很容易陷入情绪内耗。因此，建议同学们在大学生涯中，重点关注个人成长，明确个人目标和规划，在规划中将提升自我放在首位，这样能够帮助大家减轻迷茫，找到适合自己的发展方向。

5）友善待人，和谐共处

在大学生活中，同学们会接触来自五湖四海的人，也会拥有多种新的人际关系，但无论与谁相处，都建议同学们保持一颗善良的心，用一种真诚友善的心态去对待他人，做到求同存异，与大家和谐共处。尊敬老师，关心同学，热爱生活，这样的心态可以有效避免在生活中产生不必要的冲突矛盾。

8. 如何转换中学生思维，做好角色转换

1）提高适应能力

在中学阶段，同学们的衣食住行大部分都由家长一手操办，自己的主要任务就是学习，但是进入大学之后，同学们除了学习，还有许多生活琐事和重要决定都需要自己面对，来到陌生的新环境后，也有可能感到力不从心。因此，想要顺利完成从中学生到大学生的角色转换，首先要做到的是提高自身的适应能力，只有"放下包袱"，才能"开动机器"。

2）学会多角度思考

在中学阶段的同学们，面对各种各样的困难题目都能找到标准答案，但进入大学后，许多问题和事情并不像解题一样有着"标准答案"，同学们要学会能够从多角度、全方位地看待问题，生活中多留意，事前先思考。

3）学会正确认知自我

在同学们的求学道路上，学习成绩一直都是评定学生素质及升学选拔的最核心、最首要的标准，这是毋庸置疑的。但是，进入大学后，学习上不能放松的同时，其他方面的发展也是至关重要的。每个人适合的方向与道路是不同的，同学们要学会发现自己身上的优缺点，对自我有更加全面、清晰的认知，不能仅仅从成绩单这一角度认知自己，而是多元化地发展和提升自己，做好大学生活的规划。

4）学会反思与总结

在中学阶段，同学们都使用过整理错题、总结知识点和解题思路的学习方法，也都体会过这些学习方法的显著成效。在大学阶段，同学们的反思与总结需要更进一步，不能只停留在学习知识层面，要在提升自我的各个方面都需要学会不断地反思与总结，这种习惯与能力会大幅提升做事的效率与自我提升的速度，助力同学们在大学生涯中更加优秀。

9. 在大学期间恋爱有哪些注意事项和建议

1）理性看待，保持自我

大学青年男女恋爱是常有的事。对于恋爱，同学们一定要理性看待，不可轻易沉溺其中，迷失自我。恋爱与否是个人选择，健康的恋爱关系可以促进个人发展，选择单身专注自我也可以更好地得到提升，无须"跟风恋爱"或轻易做出恋爱决定。如果开始恋爱，在恋爱关系中更需要保持自我，以自身发展为核心，在大学生涯中始终将自我能力提升与长远发展放在首位，切勿将恋爱作为生活的全部，要保持清醒的头脑。

2）相互促进，共同进步

在健康的恋爱关系中，两人应该做到在相处中取长补短，不因不必要的小事发生过多的争执，在生活中、学习上做到互相帮助、互相理解、互相包容、互相促进，做彼此最得力的搭档，共同进步。

3）认真对待，合理规划

如果同学们想要在大学期间谈一段恋爱，找到心仪的伴侣，就需要认真对待自己的选择与决定，认真对待双方感情，不轻易放弃，不随意抛弃，自尊自爱自强；对自己的伴侣认真负责，出现问题积极沟通，遇到困难共同化解，合理规划大学生涯，彼此勉励。

4）注意分寸，多做思考

在大学恋爱中，同学们的真情难能可贵，但情到深处也需要有所注意，知晓分寸，懂得应有的边界感，在相处时给对方留出足够的个人空间。在成年且达到双方同意的前提下，能够做好防护措施后再决定是否发生性关系。总之，做任何决定前多思考，多为双方考虑，尊重对方感受，避免造成彼此伤害。

成长案例 篇

成长案例篇

在我们身边，总会有在个人大学生涯中通过不懈努力最终取得预期结果的同学，他们有的在成长道路上始终目标坚定、计划清晰；有的曾经迷茫，经过求索，明晰努力的方向，后来居上；有的在向着预定目标前行过程中，偶遇机遇，调整计划，抓住机会获得更好的发展……这些同学的经历，无疑都是大学中众多同学的缩影。这一篇，我们就来分享13位学子的个人成长经历，看看他们都是怎么达成自己的目标的。

学子一：多彩大学生活，做一个一专多能的自己

专业：会计学（ACCA方向）

去向：保研至武汉大学经济与管理学院会计学专业

写在前面

当我站在四年本科生活的终点回望，很高兴我用四年时间为自己描绘了一幅丰富多彩的大学生活画卷，这是我送给自己最好的礼物——充实的自我、弥足珍贵的成长，当然还有丰富的履历。回望四年，学业成长上，我做好了作为一名学生的主责主业，以综合排名第一的成绩保研至武汉大学，还获得了两次国家奖学金；科研竞赛上，我积极参与科创赛事、专业竞赛，多次获得各类国家级、省级、校级奖项，同时我也精益求精，力求在每个比赛中做到最好，其中"互联网+"金奖、财经素养大赛省冠军就是最好的证明；学生工作上，我积极参与学生工作，校院班的学生组织都有我活跃的身影，从专业年级长到学院团委学生会主席再到校科协主席，我在不同的岗位上奔走着，同时我还积极加入四川大学青年讲师团、商学院百川学生宣讲团、新鲜人社团、"大川小思"朋辈学业辅导中心，投身主题宣讲、朋辈帮扶、社会实践、志愿服务等。

我想说：大学生活可以在立足学生本分的基础上做到综合全面发展，在一专多能的追求中绘就多姿多彩的四年。

1. 学业成长

1）认真和勤奋从来不会被辜负

无论是我自己还是我身边优秀的同学，在学业学习上都有一个永恒不变的特质——认真、勤奋。有的人上课坚持坐第一排，有的人每天雷打不动学到闭馆，有的人学不懂微积分就一节课听两遍，有的人上课从不看手机而是认真做笔记……所以在学业上，哪怕拿出高中70%的努力，都可以有好的收获。四年来，我没有翘过一节课，上课时尽量往前坐，我见过早上七点只有保洁阿姨的图书馆，也无数次伴着深夜的闭馆铃声走出图书馆，坚持写每日计划和日记，我喜欢每晚睡前精细地规划好即将到来的新的一天，也喜欢对照计划一日一日做复盘。总之，学业优秀的通法就是如此，没有太多的技巧与方法，有的只是对简单的事情持之以恒的坚持。

2）直面起伏 反思与上行

在大二学年，我同时兼顾着学业、比赛、学生工作，我的课程成绩出现了不小的下滑，很多同学也都会面临这样的苦恼。当时的我认真反思，认为成绩下滑主要是因为两场比赛赛事与我的期末考试复习周时间冲突，导致我要一边顾及比赛、一边复习，复习的效果大打折扣。这归根到底还是因为没有将学习前置，没有利用好闲暇时间，把"宝"全押在了期末周。于是，在大三学年，我尽可能地在空闲的时间段认真学习，打好基础，这样当比赛的这些时间不能为我所控制的时期来临时，我也可以从容面对了。正是因为我能及时地发现问题、做出调整，我才能及时止损，从下滑中成功扭转了局势。

此外就是心态的调整，当时的我心态还比较乐观，我认真反思了自己，问了自己一个问题：你在学习上尽了全力了吗？答案是没有，虽然比赛和学生工作繁重，但我没有把握好应当学习的时间，没有在本可以复习得更好的课业上用尽全力，所以我只是把命运交给了概率并且不幸地失败了而已，我并没有什么值得怨天尤人或是懊恼后悔的地方，我该做的是考虑下一步该如何做好。很多同学可能会在成绩下滑时感觉到焦虑，但反思与重新前进才是有效的解决之道。

2. 科研竞赛

1）比赛没有运气，有的是方法和努力

大一时，我就开始尝试参加各种比赛，前几次都以失败告终，后来我认识到每个比赛都有它想考查的点，我不应该像个无头苍蝇一样四处乱撞。于是，我开始收集获奖参赛文本、请教获奖学长学姐。在这些指导之下，我终于在大一下学期结束的时候，拿到了我大学期间的第一个校级三等奖。很多人将比赛失利归咎为运气不好，诚然，比赛有运气因素存在，但金子永远都会发光，比赛更大的决定因素是方法和努力。我在参加财经素养大赛时，和队友认真钻研题目，积极联系上届获奖团队询问比赛经验，调研、访谈、资料搜集都扎扎实实去做，从文本的逻辑到PPT的每一个细节都认真设计。那段时间，我在校车上、在课间甚至在路上都能随时随地掏出电脑做一会儿作品，我也是在那时候为比赛熬了第一个通宵，最后拿到四川省总冠军时，我有种一切努力都不会白费的感叹。再到后来参与"互联网+"赛事，往届的每一件获奖作品、路演视频我们都认真研究、认真总结值得我们学习的亮点，我们不知道见证过多少次太阳落下到太阳升起，甚至到比赛的前一夜我们还坚持磨问题库到凌晨两点。所以，所有的比赛成果都堆积着对方法的领悟和持之以恒的努力。

2）比赛的意义："赋能"

比赛的意义除了综测加分，更多的在于它对我能力的提升，即所谓的"赋能"。在比赛中能学习到专业知识的补充。例如，在"互联网+"的参赛中，通过对企业融资计划的估计，复习企业估值方法这一部分的内容；在财经素养大赛的参赛中，补充学习经济法内容；在市调大赛的参赛中，补充学习计量知识等。还有各方面能力的总体提升，从资料搜集、数据处理、专业分析，到如何制作精美的PPT、如何更好地答辩展示，足见内容之广泛、能力成长之迅速。在比赛中我也认识了非常多不同专业、不同年级甚至不同学历层次的优秀队友，在他们身上我也学到了非常多的优秀品质。所以，我会一直说，不要"水"比赛，不要过分关注"加分""排位""内卷"，关注的应是自己是否在这个比赛中有收获、有成长，那无论是于个人成长还是于比赛本身都大有裨益。

3. 学生工作

1）既然选择，便只顾踏实去做

我在大学期间参与了比较多的学生工作，担任了年级长兼辅导员助理、学生会主席、校科协主席，还加入了学院新鲜人社团、学院百川学生宣讲团、学校青年讲师团。我认为学生工作不仅是我大学生活的调味剂，也是我能力成长的助推器。所有的学生工作，我都秉持着一个原则："交给我的工作，我只顾踏实去做，收获自然会到来。"

一方面，学生工作让我的生活变得更充实。在繁忙时，快被学生活动塞满的周末让我彻底丢掉"在床上懒一天"的想法，在学习时，我也会倍加珍惜没有工作的"闲暇"时光，撰写材料、举办活动还可以让我短暂地从学业中跳脱出来，感受另一种面对挑战的快乐。同时，学生工作中认识的朋友是一笔不可多得的宝贵财富，一群志同道合的人平时可以共同舒缓压力、交流思想，让我体会到思想世界也能有飞一般的成长。

另一方面，学生工作让我收获颇丰。三年来，我逐渐成长为一个可以脱稿上台毫不犯怵的自信同学；撰写材料的技能让我在各类评选包括保研中懂得如何突出优势、全面展示自己；活动组织的经验、见识过的"大世面"也让我在与陌生人交往时变得大胆、不犯怵。最有收获的是意志的坚强、信念的坚定，每当学习感到疲倦时，我总会想起在连续几晚打磨十佳PPT的精益求精，每当遇到困境时，我便会想起挑战杯的那段一起直面挑战、顺利收官的经历。

2）学生工作耽误学习吗

在我成绩下降时，老师问我：你觉得是学生工作耽误了你的学习吗？我很坚定地回答"没有"，因为在我的逻辑里，我认为学生工作是需要利用休闲时间完成的，它不会占用我的学习时间。所以，即使要忙于学生工作，我也会规定并完成我自己该用于学习的最低时间底线，并且牺牲自己的休闲娱乐时间完成工作，在这个"总指引"的带领下，我一直都能很好地平衡学生工作和我的主责主业之间的关系，学就认真学，做就认真做。

学子二：拿到"彩票校"offer，靠的究竟是什么

专业： 会计学（ACCA 方向）

去向： 留学至密歇根大学安娜堡分校会计学

我很幸运地拿到了我的"彩票校"offer，在这里总结一下这期间的一些经验和心得。我主要申请了美国的学校，所以相关的经验会更针对美国方向一点，但是也有一些普适性的内容可以供同学们申请其他地区学校、申请实习参考，希望能够帮助到你们。

1. 心态

我认为心态是最重要、最考验人的。整个申请季我的最大收获就是学会"坚持"，这也是我认为留学申请或者做其他选择都会面临一个很大的考验。你可能会面临考了很多次语言还是不过、申请了几个月都没有消息、每个比赛都没有好成绩等一系列的挫折和打击。这些挫折和打击，甚至可能持续很长时间。

如果遇到类似的困境，我真的很希望你们能够坚持，保持良好的心态，我也没有什么好的办法去排解这些压力，我只知道在此时你必须咬牙撑住，遇到这些痛苦的你从来不是唯一一个，"熬过去"是我无数个失眠的晚上和我的朋友谈到的。当然如果你顺顺利利那就是最好的了。

2. 选校

关于学校选择我认为有两种思路（仅供参考）：

（1）你能够有清晰的职业规划→找到目标公司→确认目标公司所需要的学校排名/能力/经验→根据公司要求去寻找学校。

这里列举我与我朋友的例子以示说明。

①关于我。我的本科读的是会计专业，我确认我还挺喜欢继续走财务方向→找出了财务领域想去的企业→确认国内这些企业的招聘倾向→根据这些倾向确认"彩票校"、正常准备、保底三类学校。

②关于我的朋友。她的本科读的会计专业，但是想做商业分析→找到了商业分析领域的优秀企业→公司对于专业能力很关注（她的本科学习不涉及这方面，所以需要补）→选择课程涉及足够多商业分析、有实习学期的项目。

（2）你暂时没有明晰的职业规划→优选名气大／综合排名高／专业就业选择多／学校 Carear Service 评价好的项目。

选校还有一个关键是要找到有效的保底校。这个"有效"既指你一定能够上的学校，又指你是完全可以接受去这个学校的。前者在于一个稳定的保底会让你心态大大放松，知道无论如何都是有学上的。很多留学同学都面临着认为一个学校都申不上、会失学的焦虑，这个焦虑是可以通过选校策略解决的。关于选校策略，有很多同学会向下申请一堆学校作为所谓保底校，但是心里很清楚大概率也不会去，那么这个决策就是无意义的，浪费精力和金钱，应该再尝试找一找录取门槛相对较低，同时也很喜欢的学校，可以多研究研究各个学校的官网，其实有些一般的学校也有很不错的课程设置值得纳入考虑。

3. 成绩

美国学校一般看绩点（4.0）。据我所知，英国大部分学校是看均分（100），英国的学校相比美国的学校似乎会对分数卡得更严一点。建议提前研究一下之前几年的 offer 分享，看一下各校的分数偏好。

任何时候都不要轻言放弃努力，要想拉高学分绩点，除了可以选修比较容易拿高分的课程，还可以对个别课程进行复修。以往有同学在大一的绩点只有 2.1 的情况下最终绩点提升到 3.6 的，所以请不要因为之前的成绩不够高就放弃。最重要的是认真听课、好好复习。

4. 实习

我认为实习对于申美研是最重要的，因为它会涉及文书和你的整个生涯目标。用于申研的实习我认为最重要的关键点是"针对""深入""知名"。

（1）针对。实习最终会呈现到你的 PS[①]和 CV[②]两个部分，如果你的所有实习精准服务于你的职业规划，那么 PS 和 CV 都会显示出你一直在清晰地、努力地做准备，这是很出彩的。所以，如果你的实习经历非常丰富，涉及多个行业，那么在申请时需要根据专业去适当筛选你的实习经历（或者在 PS 中理顺逻辑线，这些不同领域的实习是如何服务于职业规划的）。

---

① PS：personal statement，个人陈述。
② CV：curriculum vitae，翻译简历。

（2）深入。一个深入的实习我认为至少需要 3 个月。我的个人体验是，一般只有长期实习，你的 mentor 才会交给你一些更重要的工作，你也才有足够的时间去复盘反思，你的实习"故事"才会足够丰富。相应的，这一部分在文书中就会是你"详略结合"中"详"的部分，足够充足的细节才能展示出你是真的深入去研究了这个领域，才可以体现你对于职业目标的决心。

（3）知名。这个就相对比较简单了，越知名的公司往往越难进入，你在知名公司实习就代表着你是被更高的标准所筛选出来的，学校也会更加认可。当然，这个部分不是绝对必要，实属锦上添花。

此外，一些同学应该也遇到过第一段实习不好找、实习投不中的情况。针对第一个问题，我认为关键在于还是要"海投 + 充分利用好身边的资源 + 适当降低标准"，尽全力地去找、去投递简历，实习是一定可以找到的；关于第二个问题，有清晰、专业的简历，加上面试时说话有条理是最加分的，当然，投了很多简历都没结果也是很正常的，因为往往一个岗位的投递人数是几百人，面试官很可能还没来得及看到你的简历，所以，保持平常心慢慢投是最好的。

5. 语言

语言部分我个人考得不是太高，所以，在如何学习上没有太多能够帮助到你们的地方。我想提的两个关键：趁早，不放弃。

考试期间很有可能会有相当多的变数，所以务必趁早开始考试，绝对不能拖延。疫情期间，托福考试取消了 3 次、GMAT 取消了 5 次，以至于我拖到了 23 年 2 月才出分，那时有的学校已经招了很多人了，我的机会变小了。

不放弃也是我心态部分所提到的。有同学可能会面临怎么也出不了分的窘境，这种时候就是心理关了，谁坚持过去谁就能赢。当然，这并不意味着我们要绝对死磕，如果最终还是出不了分，那就及时换场考试或找一找其他可以弥补的方法。

6. 校园活动

校园活动部分包含一些比赛、学生活动（比如学生会、社团、NGO）等，这一部分也要在文书中有所体现。和实习经历类似，文书中体现校园活动，核心就是体现出你对于职业规划的准备及你对社会的关注度。比如，申请的时候，很多学校都会问你对学校的 diversity（差异化）可以贡献什么（美国学校很关注），你对社区做了哪些帮助等问题。这些问题是可以提前做有针对性的准备的。

7. 文书

我认为文书部分的关键就是职业规划。整个文书就是需要解释清楚你的职业规划是什么，你在之前怎么对此准备的（学习 + 实习 + 活动），你申请研究生以及这个学校的这个项目可以怎么在你准备的基础上服务于你的职业规划。所以，哪怕有很多同学可能并没有一个清晰的职业规划，在申请美研的时候也必须梳理出一条清晰的逻辑链。

文书书写可以考虑自己写、独立文书老师写或是中介机构写，都没有问题。当然，我还是建议你多向学长学姐询问、多了解过来人的分享，找到适合你的方式，就是最好的。

8. 面试

面试一般分为 AI/VI 面试和真人面试两类。前者是有固定题库随机抽选，可以提前搜集题库内容做好准备；真人面试相对灵活，既有一些固定的题目，又可能会根据个人简历提出一些问题。

题库的准备和实习类似，我个人认为关键之处就是充分用好线上论坛，包括小红书、Chase Dream 等，基本上认真检索一圈就能找到 70% ～ 80% 的题库进行准备了。

对于那些灵活随机的问题，基本分为以下几类：个人能力、职业规划、学校、差异性相关的问题。

真人面试一般会有最后一个反问环节，提供一个我个人用得比较多的通用问题：学校认为研究生期间最重要 / 首先要做的是什么？这个问题我发现很多面试官很喜欢，也很乐意讲许多专业与学校的理念，沟通起来会很有趣。

学子三：本科阶段波澜不惊的我，如何实现了读研梦

专业： 会计学（ACCA 方向）

去向： 考研至四川大学经济学院金融专业（初试 404 分）

我是 2023 届 474 万考研生中非常普通的一员，在大二期间，综合考量了种种因素（就业前景、目标职业、自身能力）后，我坚定了备考研究生的信念。非常开心我能在毕业来临之际，成功上岸自己的第一志愿。在备考的过程中，我也积累了一些经验，希望可以借此机会分享给大家，希望能给各位素未谋面的同学们带来一点帮助和启发。

1. 考前准备

1）确定目标专业

考研的第一步是寻找自己想要报考的专业。可以选择和本科一样的专业，本科的基础会让你在备考过程中更有优势；也可以选择其他自己想学的专业，但是跨专业考研需要做好更加辛苦的心理准备。出于对自身未来职业道路的规划，我选择了跨专业备考金融专硕。

2）寻找目标院校

选择好专业以后，需要根据自己选择的专业确定目标院校。同一专业在不同学校有不同的培养模式，所考科目也可能有所差异。出于对本科生活的热爱，在查阅相关资料之后（学校综合实力、历年录取分数以及报录比等），我希望能够继续留在四川大学。

3）购买学习资料

确定专业和学校以后就是购买复习资料。由于我选择备考金融专硕，所以我的考试科目是政治、英语二、数学三和专业课。英语、政治和数学是全国公共课，我参考各平台的推荐，购买了畅销的教辅。专业课则根据学校官网公布的考试大纲，购买大纲指定的参考书目。

2. 备考期间

① 首先做出一个全局的计划，大概在几月应该完成什么任务，然后再规定每个月、每周、每天的任务。尽可能地做到今日事今日毕。

②英语学习是一个长周期的过程，不是短时间就可以拿高分的，对于英语的学习应越早越好。我的英语基础不是很好，因此在大三下期的时候，我选择先学习语法和长难句，同时保证每天背一定量的单词，可以使用 App 背诵，也可以用单词书背诵。在暑假期间我们开始做真题，英语的历年真题十分重要，一定要充分利用。

③政治是一个低投入高回报的学科，成绩往往拉不开太大的差距，因此，我计划从 7 月份开始学习。前期我选择在每天精力不够集中的时间段去学习政治，把更多的精力放在专业课上。后期我在政治上需要花费更多时间，11 月份开始做"肖八"选择题，12 月份每天花一定的时间背"肖四"大题。

④专业课的分值占比最大，想拿高分一定要学好专业课。首先需要结合自己所搜集的材料或者视频理解课本内容，做到知识无死角，构建知识框架。将框架整理完之后，找到历年真题，掌握历年真题中的每一个知识点。对于专业课的学习，我认为没有别的技巧，就是反复地背诵和理解。对于学校公布的参考书目以及相应的资料，一定要嚼烂。

⑤学会反思，错误是不可避免的，错误的题目会帮助我们检验学习效果，认真深究题目背后的知识点，总结做题方法和出题规律，并及时调整自己的学习方法。

⑥身体是革命的本钱，每天在完成学习任务的同时也要注意锻炼身体，劳逸结合。考研是一个细水长流、日积月累的过程，这一过程虽然枯燥，但是我认为，为了自己的目标而奋斗是快乐的。

3. 心态调整

1）避免焦虑和精神内耗

备考过程中的焦虑每个人都会有，情绪的起伏是很正常的，但千万不要陷入无止境的自我内耗中去。在过去的一年中，我也时常感到焦虑，这种情况下我会选择听听歌、跑跑步、吃一顿好的，然后再回来继续学习。焦虑的时候，最好的解决方法就是抓紧努力，把握当下的时间去学习，而不是浪费时间在持续焦虑当中。

2）不要盲目攀比进度

一定的对比是需要的，可以让自己大概了解普遍的进度，但过度攀比不可取。总是和别人对比会让自己非常疲惫。要学会以自己为中心，为自己拟定一个适合

自己的考研全程计划，做到心中有数，按照自己的计划学习下去就好，别管其他人。

3）不要过分担心考不上

不管是哪个考研人，不管是考上哪所学校，都会有不自信的时候。以我为例，我报考了本校，但在备考期间我也曾无数次怀疑过自己到底是否能考上，上考场之前我仍然觉得自己准备得还不够充分。可最后的结果是，我仍然取得了不错的成绩。要始终信奉：凡事预则立，不预则废，所有的努力都会有回报的。所以，我们要做的不是过分担心，而是拼尽全力，要无条件地相信自己。

4）写给和我一样准备考研的你

一个又一个日夜的奋战，一次又一次的咬牙坚持，从酷暑到严寒，从白天到黑夜，你要相信时光看得到每一分努力。看似波澜不惊的日复一日，一定会在某一天让你看到努力的意义。

没有谁的幸运凭空而来，只有当你足够努力，才会足够幸运。今日踽踽而行，他日化蝶飞去。希望日夜兼程逐梦而上的你，在考场上不负努力，不留遗憾，不畏考验。愿此行纸绵墨利，笔也顺手，一战成硕！

学子四："行万里路"——不以一种标准论得失

专业：会计学（ACCA方向）
去向：成都市委组织部

大家好，毕业之际，写下一篇四年小结。我贯穿四年的态度即"纸上得来终觉浅"，所以在大学的时间里我在不断地尝试新的领域和事物，并且最后为我毕业的去向提供有力支撑。希望这篇关于我大学的随笔可以给大家提供一点启发或是一个视角。

1. 在扎实学习的基础上拓宽知识面

刚进入大学时，新的环境以及学习方式让我不能很好地做到兼顾学习和生活。所以，我通过社交网络以及学长学姐们了解了许多关于学校专业的事情，也了解了许多社团组织的性质与日常。这些信息都需要我们自己去发掘，按照自我认知梳理内化，这也为之后的选择打下基础。比如，我在大一的时候根据自己的兴趣以及当时的能力加入了 A 联的文体部（现为学生会），作为成员策划组织了一两场学生活动。这对当时的我来说还是一个蛮大的挑战。

当然，十分重要的一点是，无论自己对于大学生活的了解到了哪一个阶段，专业知识的学习都需要摆到第一位，学习成绩就是多去尝试的基础和初始资本。印象比较深刻的是，我大一时学习线性代数这门课，学得不太明白，晚上 10 点下课后还需要去图书馆再学一个多小时才跟得上。这告诉我们需要自己有意识有目的地去夯实知识体系中薄弱的部分。

2. 在实践的过程中找寻方向

经过了大一学年，我积累了一些关于大学的认知和基础，比如第一学年的成绩及学校活动经历，这些就是我后续去不同领域尝试的"敲门砖"。大一的学生活动让我积累了策划经验，我当上了文体部的部长，并且在大二这一年策划了"红专赛"、运动会、党史竞赛等多个活动。这些活动对个人的协调组织能力是一个很大的提升。

此外，我认为实习的意义在于使人明白实际工作的情况以及如何将理论联系实际。职业体验可以让我们对一种职业的认知不只是停留在想象中，还能在切身感受中了解职业发展的具体情况，给之后的人生道路指明方向。依照这个思路，我在大二以及之后的寒暑假都通过官网、内推以及公众号等渠道找到了实习，尝试不同行业和岗位，对未来各个就业方向有了一个具体的理解。当然，在寻找实习的过程中，经历的多场面试也是一种重要的能力锻炼。

在不断尝试的过程中，我没有对某一个领域展现出极高的热忱，所以在大三时我决定留学，以时间换空间，增加一段学业生涯继续寻找自己的方向。在留学准备上，我认为最为重要的便是有意识地提前准备，无论是 GPA、实习、文书还是语言成绩。我在大三上学期进行各项准备与学习，大三下学期各种成绩达到可以申请的标准并写好了文书，最后在大四开始前的暑假通过提前批获得了香港中文大学会计学的研究生 offer。

3. 在保底的前提下向上攀登

经过了大学前三年的学习与实践，我对各个就业领域也都有了一定的理解。

结合个人性格来说，我认为自己并不适合去企业工作，所以我的目标是先读研再回国考公。但是目标不是一蹴而就的，在毕业季最开始，我接受了普华永道的 offer。这是个基于大三寒假的实习，每一个经理会给自己的实习生打分，高分的实习生可以直接进入合伙人面试，通过面试后就会发放入职 offer。在大四开学前的 7 月拿到的这个工作机会极大地降低了我对未来的不确定感，也让我有了一个平稳的心态去面对之后的申请季。8 月初，我接到了香港中文大学的面试，由于之前经历过不少面试，所以我在留学面试的时候发挥还算不错，最后在 8 月底获得了研究生 offer。

到这一步，我的毕业季已经比较圆满了，我的目标就变为了申请更高一级别的学校，后来被放进了等待名单（waiting list），心态也还比较平和。到了 9 月，由于我最终的就业目标是进入体制内，所以我就开始准备相关的考试。在国考、省考、选调生考试中，我选择了四川省紧缺选调考试来准备。考试内容为公共基础及公文写作。我的战线没有拉得很长，在两个月的时间中我首先学习了公共基础中我不太熟悉的文书、地理、科技等部分，而后再针对公文进行分类别的写作练习，最后进入了面试。面试一共有两道题，面对六个考官两个计分员，紧张的情绪确实会影响面试状态。得益于我之前在学生会的锻炼以及实习的经验，我的面试发挥还不错，最终进入了签约环节。

4. 自我总结

回顾我最后毕业季的选择，我最大的感受有三个：一是努力不会辜负自己，我的学业成绩、实习经历等虽然在选调考试中并没有以一种直接的方式起到益处，但是对我个人综合能力的锻炼却体现在了面试中，以及我大学期间选修的合同法、环境、医学等非专业课，也极大地减少了我备考公共基础部分的时间与难度，这些都是我在做事的时候没有预料到的益处；二是不以某一指标论得失，我最终在就业、留学、考公中的多种尝试都是建立在一个立体全面的基础之上，而不是某个单一的衡量指标；三是要有自己的节奏与见解，不一定大多数人的选择就是正确的选择，每个人对一件事情的理解都是基于自己独特的环境与视角。我们需要做的就是不断拓宽自己的眼界与见识，"没有调查研究就没有发言权"，这也是我大学期间跑到北京、上海分别待了三个月在不同行业实习的原因。没有自己在一线城市生活工作的经历，我也不会坚定地选择留在成都，选择这份工作。

学子五：一场激烈的高中续跑

专业：财务管理

去向：保研至复旦大学

1. 放弃想象 直面现实

高考后，我曾以为大学是吃喝玩乐，完成基础的专业课程学习，选一些自己想涉足的其他专业课程，参加一些有点意思的学生活动……其实这种想象倒也没什么错，我的大一上学期确实也是这么度过的，没有对绩点、排名的考量，没有很大的升学就业压力，享受着 11 年苦读后换来的第一次放松与自由。到了大一上学期，我的排名刚好卡在学院一直以来流传的保研线上。

我们这些没有确定方向的大学新生要直面现实。而现实是：未来想考研，需要面临急速增长的考研人数；未来想出国，似乎必须接受环境的不确定性给我带来的不安；而直接就业，是我当时没有怎么考虑的方向。

于是，我选择尝试保研，其中绕不开的是竞赛。我的大二、大三是由竞赛和学生工作编织而成的。

2. 竞赛心路历程

我大一暑假参加了"互联网+"比赛，当时拿到了大学以来的第一个奖状——"互联网+"的校级三等奖，这是我第一次真正意义上进入了竞赛圈。虽然当时我对保研规则认知不多，导致排名正好被卡在学位加分排名之外，但是这张奖状确确实实让我这一个竞赛新手得以入门。大二上学期，我在比赛方面似乎没有很多进展，也没有人带着我比赛，很多时候都是自己闷头乱撞，感到很郁闷也很无措，因此，大二上学期几乎是颗粒无收。

但是，经验永远不会因为失败而无用。大二寒假期间，我凑巧认识了一名哲学系的大一同学与两个朋友，便和他们一头撞进了挑战杯红专赛，获得了省级银奖。我们这个团队当时全是大一和大二的学生，几乎都是比赛新人（没什么奖项），项目更没有很大的背景与已有转化的支持，我们只能一天又一天地写、一稿又一稿地改。所以，不要主观地认为初创、无积淀的团队在竞赛里不行。同时，我在大二上学期参加的"大创"也顺利晋级，在大二下学期收获了国家级立项的好成

绩。这个"大创"项目让我对医学类项目有所入门和了解。

凭借着"大创"和挑战杯，我开启了大学中最重要的比赛——"互联网+"。这次的比赛，我参加的其中三个项目，分别获得了一个国家级金奖、一个省级金奖和一个省级银奖。国金项目我是后续才加入的，正是一步步地积累，才让我有了加入这个团队的敲门砖，也在十几人的最终筛选中，成为幸运儿。感谢这个团队和冲金过程中的指导老师们，他们让我在比赛中得到指数级速度的成长。到此为止，我的大部分比赛就基本画上句号了。还有一个值得提及的是大三下学期的"正大杯"，这是我第一次作为队长带队拿到省级二等奖，也因为这是很典型的纯商科类竞赛，所以在文案撰写、数据分析上都有着很大的提升。

总体来看，大学生涯中，我在各类科研竞赛里，获"互联网+"国家金奖等国家级奖项3项、省级奖项5项、市级奖项1项及校院级奖项荣誉15项。选择保研，比赛上就要坚持到底，等待柳暗花明。

3. 应多参与学生工作

大一后，我选择留在了团委和学生会。大二时，综合事项很多，我接手工作时难免胆怯、焦虑，感到难以兼顾。所有做过学生工作的人现在回头，肯定会对学弟学妹说："优先保障学习。"但是这些放在当事人身上，可能会变得难以执行，学生工作不可避免地占用了一部分学习时间。人们总说失之东隅、收之桑榆，不是没有一定道理的。这就要求我们在学习上要更加提高效率。

学生工作提升了组织、领导、沟通能力，还让我们不要成为单线程生物。大二的学生工作确实让我在这个过程中逐渐摸索到如何兼顾学习和工作，努力做到工作和生活平衡，保障课堂学习、定量课下学习，工作太多就减少玩乐时间，只有实在没时间，再占用课下学习时间。当然，学生工作积攒的朋友圈给我比赛也提供了一定助力。

三年的学生工作，算是我大学成长中重要的一部分。

4. 停止羡慕，保持自我

主业学习、竞赛、学生工作，构成我保研的三大基石。虽然社会压力重重，但我还是更希望大家能成为一名"非典型"大学生，不要因现下的几个选择困住自己的视野。保研不是人生必经之路，商学院不仅培养出普通的保研人，更培养了斩获大厂 offer 的优秀本科生，也有在为人民服务中一往无前、坚守信念的优秀学生党员，还包容着能在这个忙碌的社会中暂时停留驻足的"观赏人"。在这个高中的续跑上，他人的成功经验难以完全复制，每个选择都是一把双刃剑。知易行难更要知难行难，做选择轻而易举，但是更要百败而其志不折。

学子六：拥有属于自己独一无二的川大青春

专业：工业工程

去向：保研至西安交通大学

2019 年入学的新生典礼上，我看着作为代表且同为吉林人的学长在讲台上发言，不禁对自己的大学生活开始憧憬期待，并默默地问自己：我是否也能像这位学长一样拥有独一无二的川大青春。

1. 专业学习——求知若渴，刻苦进取

什么是工业工程？即使查遍了百度、知乎，刚入学的我对它还是似懂非懂。直到通过系主任的新生研讨课，我才真正在川大的课堂上揭开了它的面纱。从工业工程导论了解到何为工业工程，从运筹学、系统工程、设施规划与物流分析、供应链管理等摸清它的框架，从人因工程、生产计划与控制、工程经济学去感知它的肌理，再到从系统仿真、工作研究、智能调度等去体会它的精髓，通过四年的学习理解，工业工程终于深刻地烙印在了我的心里。

大一作为新起点，如何培养学习的兴趣与习惯，找到努力的正确之路尤其重要。还记得面对高数时被支配的恐惧感：知识深奥难懂、没有高中的被督促，如何"半独立"学习就成了最要紧的问题。于是，我开始请教学姐学长、助教老师，搜索资料去摸索学习之路。不仅充分利用课上时间和习题课，同时还会自学网课刷题、每周复习总结，在密密麻麻的手写笔记和颜色交错的习题标记的帮助下，我终于在大一尝到了学习的第一口甜头——拿到了综合奖学金。

在四年的学习中，我知道了原来都江堰是系统工程的现实案例、著名企业的

车间布局是设施规划物流的改善成果、合理的工作台规格是人因工程的体现、智能调度中如何用蚁群算法等解决旅行商问题……每一次新课程的学习都让我见识到了工业工程应用的多样性和专业性，使我对它的热爱逐渐加深。

最终在四年努力的学习积累中，我成了一名合格的工业工程专业学子，并成功凭学业裸分成绩敲开了保研的第一道门。

2. 科研竞赛——热心科研，以赛促学

大二时，通过多学科融合学习的平台，我接触到了华西口腔智慧医疗协会，并成为双创部的部长。在协会交流中，我开始对"大创"产生兴趣。在第一次参加"大创"时，我作为队长申报了一个项目。在项目准备的过程中，我和组员们从初始构架讨论到实现完善，在教室、研讨室甚至食堂外开了大大小小几十次会议，不分日夜，经常熬过零点，做了无数次修改、完善，提交日为了守住时间但因系统问题而彻夜不眠。遗憾的是结果公示那天，我们的名字并未出现。我的心里既难过又愧疚，感觉身为队长的我对不起队员们的信任和他们辛苦奋斗的日日夜夜。但是我并没有因此而失去信心，在队员们的鼓励和自我反省下，反而更加有了冲劲。

当再次准备"大创"时，我吸取之前的经验和不足，和组里同伴并肩作战，终于拿到了 2021 年大学生创新创业训练计划国家级立项，并获得了优秀结题。在第二年冲刺新项目时，成功拿到了第十四届全国大学生创新创业年会最佳创业项目。

不久之后，我又参加了第七届"互联网$^+$大学生创新创业大赛"。这次我作为两个团队中的商业负责人，与同伴研究市场定位、构建商业框架。从校赛、校金争夺赛一直到省赛多次参与集训和项目答辩，学习到了很多商业知识和新视角。这也让我了解到了创新创业和商业的真实意义，更感受到了大家在为项目集思广益激烈讨论时青春奋斗的充实感。最终功夫不负有心人，我以省金、省银结束了那年夏天的"互联网$^+$"比赛的赛场。

大三时，我接触到了清华 IE 亮剑全国工业工程应用案例大赛这类 IE 专业比赛。刚学习了很多理论知识的我，自然想看看如何将理论应用到实践，于是在接触到成都某公司车间等实际案例后，我与同学们组队开始冲刺备赛。然而，比赛并没有想象中那么顺利，方案中的很多环节都需要我们自学完成，这对我们来说

无疑是一个非常大的挑战。我开始在老师的指导下以及自学操作下，一次一次从仿真失败中积累经验，一遍一遍修改仿真效果，最后终于做出了动态合理的仿真模型，获得了国家级三等奖。

在此之后，基于对专业比赛感兴趣的源动力，我获得了2021年中国大学生机械工程创新创意大赛国家级三等奖和四川省大学生工业工程创新应用案例大赛省级二等奖，成功实现了学有所用。比赛中需要解决的问题促使我去学习新的专业知识，从而达到了以赛促学的目的，提高了我的IE知识实践能力和自主学习能力。这些科研竞赛经历也成为我保研之路的基石。

3. 综合实践——突破成长，多维提升

为了给出问题的答案，我开始勇敢地迈出舒适圈，去竞选班长、去面试学生会、去坚持从小到大的喜好、去探索未知的自己。

大一时，我加入了主持队、舞蹈队和体育部，并成为班长和团支书。记得那次周末，我从早到晚都在参加活动，学姐打招呼从"哈喽"到"又见面了"再到"怎么又见面了"。但是我一点都不觉得疲惫，从主持活动到跳舞再到团支书学习，正是这些我所喜爱且有意义的活动让我可以坚持我所热爱的兴趣，得以多维成长。

在体育部学会"多想一点"，看过四点钟的太阳，为学院运动员们的比赛保驾护航；在综合事务中心秉持"全心全意为同学服务"的宗旨，组织学院迎新服务、学院权益服务、学代会等；作为团委学生会副主席，和伙伴们奋战在316，拿下五四红旗和十佳学生会，我也荣获四川大学优秀共青团干部、优秀学生干部的称号。

还记得第一次登上学院舞台的时候，是大一时的迎新晚会。虽然有点胆怯，但最终还是说出了那句"我可以尝试组织一下"。于是那年，我成了舞蹈队的小老师，和大家一起苦练，以《牵丝戏》迎接我们的迎新晚会。当在舞台上手中的红扇飞舞的那一刻，我为还能在大学继续跳舞而兴奋，我终于对喜欢的事情变得更加自信，也离更好的自己又近了一步！

最具挑战性的还是2020年的迎新晚会。我作为负责人，既要把握整场晚会，又要打磨自己又歌又舞的三个节目。为了表演好《赤伶》，我开始努力学习戏腔唱法，一遍遍逐字斟酌，练习每一句的发音，追求万无一失。当我穿着一袭红衣登上舞台歌唱，台下掌声响起的那一刻，我对唱歌的喜爱和坚持在那一刻得到了满足。

自那些第一次开始，连续两年参与组织学院的"凤凰展翅艺术节"合唱比赛，连续两届参加凤舞比赛，在院歌手大赛上展示自己，在军训合唱比赛上勇敢歌舞，担任学院大大小小的活动主持人，获得学院演讲比赛的第一名……这些都是我青春无畏、肆意追梦的最好证明。

而我的多样青春远不止于此，我还积极参加志愿活动：参与2022华人学者IE国际年会、"大挑"红专赛、校运会等志愿服务，并获优秀志愿者称号；成功入党，加入党史学习团和"十九大"党史宣讲团，不忘初心，积极传播青春正能量；参加强生俱乐部、开启商赛挑战、探索新的突破，取得"四川省学生综合素质A级证书"。

4. 迎接未来——肆意生长，不负众望

当大学生活即将落下帷幕，回首四年，我感谢每一个不畏挑战、努力拼搏创新、突破自我极限、乐观治愈、善良赤诚的自己，同时也原谅那些消极迷惘、踟蹰不前、得过且过的自己。感谢自己做的每一个正确的选择，遇见了今天更好的自己，也终于为2019年的那个问题交出了自己的答卷。

四年青春路，无悔川大人。凡是过往皆为经历，是支持我更好前行的动力和更好成长的养分。在未来的道路上，我会继续清醒的自省、热烈的生长、勇敢的追逐。同时也祝愿学弟学妹们在川大万事顺遂、平安喜乐，祝你们，也祝我。

学子七：学会发掘自己的兴趣与优势

专业：财务管理

去向：伦敦政治经济学院经济学硕士

1. 留学原因

我是从大二开始就确立了留学深造的目标，一是考虑到留学给个人带来的未来发展空间更大、可能性更多；二是其他选择的风险太高、不确定性比较大，比如保研。留学本身是一个风险比较低的选择，可选择的院校非常多，基本上最终

录取的项目不会和自身实力有太大偏差。

2. 认清自己的兴趣和优势

虽然我较早确定了选择留学，但是在定位和选校方面仍走过不少弯路。我觉得定位和选校最重要的不是这件事情本身，而是早点认清自己的兴趣和优势。所以现在回头看来，我个人认为选择留学后第一件要做的事不是去了解各个院校和专业，而是先想清楚自己未来想在哪儿工作、从事什么行业，然后倒推自己需要在研究生阶段选择什么专业。这件事情重要的原因有两点：第一，留学的学校选择非常多，但不是每个项目都适合我，我也没有精力了解和投递所有项目，所以做减法是第一步。第二，这种方法也能帮我理性解决"学校和专业哪个更重要的问题"。比如，如果未来希望回国做投行，那么我个人观点专业最优是纯金融，但是学校会比专业更重要。就我个人经历而言，认清自己的兴趣和优势是一件非常耗费时间和精力的事，因为这个过程需要补充很多的信息差，了解足够多的信息才能保证做的选择足够理性。比如，我在大三以前考虑过做战略咨询、投行、量化和互联网数据分析，了解每一个岗位的工作内容和未来发展都花费了我大量的时间，在大三接触科研后，我又决定转向读博，但直到现在我也还在探索自己未来要读哪个领域的博士。虽然想清楚自己未来想做什么可能是一件很难的事情，甚至很多人在接受 offer 后还会后悔，但我觉得一条有用的准则是：不要从事一个你既不喜欢又不擅长的工作，二者至少满足一条。

3. 选校

在基本认清自己未来希望从事的工作后，选校选项目就是一件比较容易的事，常见的信息渠道包括小红书、一亩三分地论坛和 Chase Dream 论坛等。咨询留学中介当然也是一个节省时间、能快速形成选校框架的方法，但因为中介良莠不齐且带有目的性（比如常推荐 QS 排名高的"水"项目吸引学生），所以最好不要将其作为唯一信息来源。我个人希望以后能继续在经管方向读博，所以选择的是一些学术界口碑比较好、读博支持力度大的跳板项目，比如伦敦政治经济学院的经济硕士、香港科技大学的经济硕士等。

4. 提升背景

对选校有大致方向后，就要根据具体项目补充自身背景。语言要求不必多说，

越早准备肯定越好，但也要知道语言是否达标不会成为录取的重要因素，很多学校先拿到 offer 后再考甚至上语言班都是可以的。至于修读课程、实习、科研和暑校，我建议是根据项目要求和往年录取者画像来规划，因为不同的项目一定会对这些经历各有侧重，比如我个人感受伦敦政治经济学院的经济学硕士就比较看重学生的数学课程和科研，但对实习要求不高。

5. 文书

最后到了申请投递环节，这一步主要就是根据不同项目修改自己的简历和文书。虽然写文书的策略五花八门，很多中介也喜欢强调自己文书老师的水平之高，但我个人认为写得再好的文书也不能"逆天改命"，至少不具有普适性。最重要的其实还是选择和自己背景与需求相适配的项目，在文书中呈现真实的自己就好。

6. 享受过程

总之，留学申请的过程其实是一个很好去发掘自己兴趣和优势的过程。我也想强调以上所说的不过是我总结下来留学不走弯路的最优路线，但想完全实现肯定很难，比如在补充自身背景的过程中可能通过实习才发现自己并不喜欢或适合这个职业，那么这个过程又需要重来。因此，提前规划固然重要，但一定要学会接受过程的不完美，接受自己的步调，大胆试错，找到真实的自己。

学子八：一场酣畅淋漓的付出

专业：财务管理

去向：考研至南京大学法律（非法学）（初试成绩 373）

---

1. 最初的抉择

进入大学后，我就像进入了一个开放世界，这个世界首先需要明确主线任务——升学或者就业，结合当时的就业环境，我最终选择了升学。而要达成这个任务，可以通过三条路线——考研、保研或者出国。而大一到大三上学期，我参与的比赛、项目、实习十分有限，可以说几乎为零，而自己又想留在国内发展，所以这时摆在我面前的选项就只有考研了。做出这个决定并不难，甚至充满理性，但实现的路径却并非坦途。

考研于我而言，最大的优点就在于它是一次重新出发的机会。你可以重新选择你人生下一阶段的地域、学校、专业，并尽量弥补你之前浪费的大学时光，而这样的一种高收益必然伴随着高风险。考研本身的难度已经是在逐年上涨，这甚至可能只是你在考研路上所面对的最微不足道的一点，就我自己的体会来看，考研本身会带来大量机会的丧失。现阶段考研一般至少需要一年时间来准备，这就意味着你至少要在大三下学期投入到考研学习之中，在大四上学期完成初试，大四下学期完成复试并等待录取。这样的时间安排就会使你丧失暑期实习机会，无法充分地参与秋招与春招，也很难得到满意的留学 offer，可以说你几乎只有一条路能走，而这恰恰是让我最焦虑的一点——我最终是否会因为考研而一无所获。

2. 正确的开始

我在先预演了最差的结局之后，带着即便一无所获也可以接受的心态出发了。这时就要面临考研的战线问题，全力以赴或循序渐进，而我选择了更符合自己特点的特色方案，我选择的是一种中间态，即我可以接受的稳定状态，每天上午 10 点到 12 点，下午 4 点到 6 点，晚上 8 点到 10 点，中间一定要满足每段学习时间间隔有足够的休息，所以我一般每天睡三次，晚上 12 点到早上 9 点，中午 2 点到 3 点午休，晚上 7 点到 8 点晚休，以此来保证每段学习时间都有足够的精力与效率。而具体到学习计划上，也主要为任务导向，即大概对每天需要完成的任务量心里有数，而并非必须在教室学习多长时间，这样的计划就更加的量化了。

计划不能停留在纸面，而要坚定不移地去实施，并在实施中不断适应和调整。按照这一计划进行一段时间后，我发现该计划十分合适，它每天赋予了我足够的休息与自由度，可以让我一直保持良好的心态与学习状态去完成进度。毫不夸张地讲，假如我每天鞭策自己必须学够十几个小时或者必须完成明显超量的任务，甚至必须早上 6 点就起床，我可能早早放弃考研了。这里面其实就有一个度的问题，我们每个人都需要执行适合自己的方案，而不能盲目地去努力。

3. 不只是初试

对我来说，考研是不能走一步看一步的，而是一开始就要有全局观念，要明确好整个流程，复试是一定要纳入考量的，尤其选择学校专业的时候就不仅仅要

看初试要求的分数是多少，更要提前关注往届可能的复试考查形式。这个概念对我来说很重要，这就意味着完成初试之后，只是下一阶段的开始，这样的心态就会使自己可以更加适应考研漫长的时间线。

初试之后的一段时期，我休息了一周，然后准备好了自己的简历，广泛投递，以此来积累一些面试的经验。这段时间是弥足珍贵的休息期与调整期，可以充分地利用这段时间去做一些短期实习和找工作的事情，以此来保证自己有多个机会，当然也可以关注一下出国的相关事宜。可是，关键在于仍不要忘记初心，在考研结果出来之前一定要有稳定的心态，这些类似两手准备恰恰是在更好地去弥补该心态，使自己留有后路，比如在这一季秋招补录时期成功找到保底 offer 的话，也会使自己之后的心态有所稳定，这样的迂回恰恰是为了更好地出发。

4. 最后的祝愿

考研是一场无法预知未来的投入，一旦选择，唯有坚定走完全程才可能到达心所向往的彼岸。祝所有坚定选择考研道路的同学可以不留遗憾，一战成硕。但考研结果并非代表着结局，而是人生下一阶段的开始。正如在本文开始所说：考研是一次重新出发的机会，那么所谓的重新出发，自然不代表着就此结束。愿我们都能继续斩断荆棘，拼搏向前。

学子九：本科生如何在校招中杀出重围，轻松收割 offer

专业	市场营销
去向	华为技术有限公司任职

1. 没有一蹴而就，只有稳扎稳打

比赛和实践是我大学的主旋律，如果直接看最后的结果，比赛拿到了国奖，校招拿到了数个大厂 offer，这对大一时的我就如同白日做梦，我会劝自己醒一醒。但这一切，对于大四时的我，回过头来看却觉得既是意料之外又是情理之中。我不是什么天赋异禀之人，所以自然也就没有所谓的一蹴而就，全靠稳扎稳打。我把我大学四年的上升路径总结为：阶梯式上升。

所谓阶梯式上升，就是每一个阶段都是上一个阶段铺垫而来的。拿创新创业类比赛举例，我大一寒假开始自己当队长组队参加比赛，拿到了校级银奖，大二

拿了省奖，大三拿了国奖。当然这类比赛一方面依靠团队经验，另一方面依靠项目本身的质量，并不是特别难拿奖，有一定运气成分在里面，不过还是让我比较直观地感受到了先发优势和滚雪球带来的作用。先发优势主要是我在大部分人还不了解比赛是什么，还不敢参加比赛，还不敢自己组队时，就已经较早地迈出了第一步，并且幸运地拿了奖。这给我后面的比赛生涯打下了不错的基础，于是有更多优秀团队会邀请我加入，从而获奖等级越来越高。我个人参加比赛主要是想开阔视野和结交优秀的伙伴，拿奖只是锦上添花，但是拿奖对于优秀的项目和团队其实某种角度来说是必然。无独有偶，我的实践经历也是如此，大一当干事，大二当干部，大三接触校企组织和实习，大四"收割"校招 offer。可以说，我每一年都有意或无意地为下一年做好了铺垫，里面既有规划，也有出乎意料。我在大学入学前就规划好了加入班级、学院、学校三个层面的组织。大一上学期顺利实现，我在社团第一次例会上决定大二留任该组织担当正部长；大二顺利实现，我在大二时确定了就业，决定陆续接触企业，于是大二结束就应聘上了字节跳动校园大使，大二暑假也在一个创业组织进行了一些简单产品工作；大三上学期加入了腾讯互娱高校联盟，大三下学期开始投递暑假实习，大三暑假去华为实习；大四上学期开始投递大厂秋招并顺利快速"收割"offer，集中在一个月左右完成秋招面试。这样的描述可能会让不了解过程的人觉得确实是阶梯式上升，并且似乎每一步都很顺利，其实并不是。

2. 阶梯式上升源于规划和克服途经的困难

我是一个习惯性长远规划的人，所以在阶段来临之前我总会提前规划好这个阶段我需要什么，从而早早在上一个阶段就为此做好铺垫，也是因为目标明确，所以我很清楚自己要什么、该怎么做，因此比大部分随意的人能更加精准地得到我想要的结果。战术上的懒惰弥补不了战略上的懒惰，我更倾向于花时间思考战略，从而用战略倒逼战术，当你知道自己的目标在哪里，想要什么的时候，行动就有更大的可能为此付诸实践。

但过程并不是一帆风顺的，这毕竟是现实，不是小说。

我大二上学期时曾经一度陷入迷茫和自我怀疑。比如发现很多机会向自己涌

来，但是自己还没懂得取舍导致应接不暇，后面才慢慢学会取舍和自我宽恕；比如一些职位让我担心自己德不配位，因为我曾经对一些头衔过度"神化"了，后面才发现其实头衔并没有什么，淡化头衔，踏实做事就好，尽职尽责的话，即使做事不完美也不会被人责怪；比如我发现自己的专业所学比较泛而软，自己也没什么硬技能，一度担心自己未来会找不到理想工作，后面才发现许多看似无用的软性能力实则非常重要且上限非常高，大四的我依旧没什么硬技能，但是靠软性实力依旧拿到了自己比较合适满意的工作 offer，而这是我大二时不敢想的。

但看似无用的软性能力实则颇有用处。我想稍微对软性能力进行延展，因为我觉得这个太重要了，而现实中我们又缺乏重视，导致很多人并没有意识去培养提升。软性能力包含了哪些，不同人的看法不同，得出的答案也不一样，我仅仅分享我自己总结的几个能力。

3. 能力一之良好身体素质：拼到最后是拼体力

我认为的第一个软性能力是良好身体素质。看到这里可能很多人都会比较吃惊，但是在自我实践、深入思考、实习观察、与面试官交流、阅读等之后，我发现人生到中后期确实拼的是体力、精力，也就是身体素质，可这又恰恰是大部分人会在前期忽略和过度损耗的部分。许多人趁年轻疯狂熬夜，到后期很多人因为身体原因不得不早早离开强度较大的工作。其实能在强度大的工作里长期干的人大部分都非常注意身体锻炼，许多高管周末都会去跑步、健身。周围许多人也觉得我精力比较充沛，这可能与我初期跑步比较多、耐力比较好也有一定关系。虽然我在大学期间确实熬了很多夜，但是现在我也在不断纠正这个不良习惯，毕竟人生是一场马拉松，而不是短跑，跑得久很关键。

4. 能力二之快速学习能力：真正的学习是经验转化

我认为的第二个软性能力是快速学习能力。这里的学习并不是狭隘地指考试能力，人生处处是学习，对于不同领域知识的了解是学习，对于自己经历过的事、遇见过的人、看过的书籍电影的反思总结也是学习。真正的生活并不像考试那样有全面的题型归纳、提前练习、答案解析、唯一正确答案，真正的生活是更加复杂、灵活多变的，因此也要求我们更加留意身边，保持学习的心态和习惯，不断学习。走出学校大门的那一刻意味着终身学习的开始，可惜事实上大部分人都是贪恋舒适圈的，因此许多人的思维与行为模式在二十多岁这个阶段就固化了，往后不过是无数次的重蹈覆辙。但真正终身学习的人，时时刻刻都在接受新的知识、思维、行为，时时刻刻都能够去完善自我，长此以往就会甩掉那些原地踏步的人。"学习如逆水行舟，不进则退"，这放在广义的学习上也是成立的。

5. 能力三之深度思考能力：战术上的勤奋弥补不了战略上的懒惰

我认为的第三个软性能力是深度思考能力。"人是一棵能思想的苇草"，思考能力与上文的学习能力紧密相关，会思考才能把所学转化为自己的，也才能在错综复杂的时局中清醒判断与选择正确的方向。思考也是有深浅区别的，深度的思考往往能拨开迷雾找到属于自己的方向，而懒于思考只能随波逐流地被迫卷入竞争。从上文的分享中我提到了自己每个阶段前都会提前规划，这个规划并不是拍脑门的瞎规划，而是会获取足够的外界信息，并深入分析自己的价值观、性格特点、能力优劣势，经过不断思考—实践—思考纠正—再实践的循环往复过程才探索出来的规划。在这个忙碌的时代，我个人其实觉得还好，因为经过思考选择的路是少有人走的路，这条路上并不拥挤，别人看到的和自己实际要的往往并不是同一件事。真正深度思考的人是少数，根据二八定律，这少数人更容易过关斩将，得到稀缺的资源与机会。

6. 能力四之高效行动能力：现实是行动的结果，减少白日做梦

我认为的第四个软性能力是高效行动能力。如果只是停留于思考，那无论再美好都只是脑海中的画面，而非现实。而现实的结果需要用实际的行动换取，意念并不能得到实际结果，得转化为实际行动才行。客观而言，我是一个比较懒的人，人都是有惰性的，但是因为有了上文深度的思考，我明白自己想要什么，所以我也不想天天白日做梦，因此也就有了行动。又因为我的行动目标是明确的，所以我更多地聚焦于是否实现了这个目标，这让我的许多行为、结果都是卓有成效的，而不是浪费时间精力的，这也是为什么我大部分规划都能逐一实现并取得不错结果的重要原因。我会把想要的量化成可实现的目标，逐步去实现，不一定要100%实现，但是有量化的会比没有明确很多，很多时候做到原来的量化30%左右就已经实现了目标。我的人生应该最大程度由自己掌握，而不是被周围环境

所驱使。

7. 能力五之强大心理素质："玻璃心"一摔就碎

我认为的第五个软性能力是强大的心理素质。很多时候令我们畏惧的并不是困难本身，而是畏惧情绪。大学里我尝试了很多东西，尝试前也会有一些担忧和畏惧，但是我常常告诉自己"大学就是来试错的"。所以我就没那么害怕试错了，失败了又如何，不过是增加经验值罢了，早试错早成长。另外就是抗挫折能力，许多名校学生进入职场后反而上升很慢，这有很大一部分原因是名校学生从小成绩名列前茅，相对顺风顺水，抗挫折和抗打击能力不足，"玻璃心"较为严重，造成精神内耗很大，长此以往很难走远。因此，我们应该有意识地增强心理素质，以应对未来更多更大的挑战与考验。

8. 结语：你可以成为自己曾经艳羡的人

底层能力是人的基调，是长远发展的关键。而头衔没那么重要，许多人空有头衔。现状也没那么重要，一切都是会改变的。也没必要与他人进行比较，每个人有自己的时差和步调，请记得永远和自己比较，是比原来的自己进步了还是退步了，如果你大部分时间都能比原来的自己有所进步，长此以往，你会在超越自己的同时，无意间超过了许多人，得到你曾经觉得是白日做梦的成果。无须艳羡他人，一路踏实成长，回过头你会发现自己已经成为曾经艳羡的人。

学子十：在沉淀自我中迎来新光

专业： 财务管理

去向： 保研至清华大学

建议学弟学妹们在大学入学时就想1～2个大致的方向，是要保研还是出国、考公、考研、就业。早做了解，去打破信息差；早做规划，去分解任务。

1. 早做了解——保研准备与信息搜集

（1）**保研准备。** 针对保研，实际上需要做两方面的准备。一是保研资格，二是保研夏令营。对于保研资格，要在必修课成绩、比赛、科研以及社会实践等方面做准备，而不同学年有不同的准备重点。比如大一时的主要工作，就是不要因为别人在做比赛就感到焦虑，自己也跟风做是不必要的。因此建议大一的学弟学妹们先着重打好基础。在大二时就可以开展比赛和科研，在大二、大三假期进行一些实习的锻炼。对于保研夏令营，其实准备的重点会与保研资格有所差异。除了比赛、科研等综测加分项目外，目标院校还会看重你的英语水平和其他背景，例如专硕项目会更关注同学们的实习情况，学硕项目会更关注同学们的科研训练。因此，大家对于保研也需要有方向划分，规划不同的经历背景。

（2）打破信息壁垒。大家可以通过院校官网与公众号去了解申请项目的特色、培养方案等信息，也可以与学长学姐交流获得更适用的经验。在充分了解申请项目的信息后，需要做的就是清晰定位。

2. 早做规划——明晰方向与发展重点

（1）业界还是学术。结合专业特质与个人特质，思考自己是更适合走学术道路还是到业界实践。在这一点上，同学们应该提早建立对经管专业职业发展路径的认识，通过学校学院相关的分享会与讲座，以及网络搜索等途径，去了解经管相关的岗位（比如咨询、TMT、投资银行等），在了解之后也可以利用假期时间实习，去亲身验证自己是否适合这一职业。从大二开始，也可以主动联系老师，参与一些科研项目，积累科研素养，同时验证自己是否适合深造读研。只有去了解，去验证后，才能得到有效的结论，做出合理的选择。

（2）有所规划。规划应该从学年到学期，从月到周到日，最终是落实在平常。平常的根本又在于专业课。依然是老生常谈的学习方法：上课认真听讲，消化理解案例；课后整理框架，理解知识点，从时事热点和生活现象来思考专业知识。而把专业知识带入日常生活中的理解是更为重要的，同学们可以认真消化老师上课讲解的企业案例，课下多关注新闻，观察经济现象。一方面可以帮助加深知识的理解，短期来看有利于专业课的表现；另一方面可以帮助培养商业嗅觉和面试表现力（因为面试的时候会更面向于现实生活和业界实践），长期来看帮助深造与职业发展。

（3）竞赛探索。竞赛方面，是否能接触到好的项目本质取决于自己的表现。简而言之，主动争取，不浪费机会，好好表现。在每一个项目中，都要对自己的任务负责，做好相应的部分（比如市场分析、财务预测），同时积极学习项目的产品技术且了解相关行业，从用中学。这是一个积累的过程，既是积累专业知识，

也是积累比赛经验和对项目的判断力。

（4）**表达能力**。由于经管专业较为应用导向，平时学习中大家也经常会有案例分析的作业与展示答辩的机会。这也是我们锻炼表达能力的良好机会，流利且有逻辑地分析案例、讲故事、表达观点是我们一定要培养的能力，能在发言场合保持自信坦然、不怯场，会让我们的发展大大受益。

（5）**沉稳内核**。沉稳的内核非常重要。它看似抽象，不是绩点、奖状等硬性优势，却是贯穿我们整个发展路线，让一切发生的内部因素。保持沉稳内核，一是要清楚自己的目标，路径清晰地去行动，去提升能力，增长力量；二是要抵抗外界干扰，不受焦虑情绪感染，不随大流去盲目行动，从而冷静和客观地思考，做出更理智更合适的行动，一步步实现目标。在最后也祝学弟学妹们能沉淀下来，找到自己、探索知识、观察世界。

学子十一：勇于尝试，没什么做不到

专业：工业工程

去向：保研至上海交通大学

时间过得真的很快，回想起刚踏入大学的情景仍然历历在目。刚踏入大学时我对自己期待颇高，后来渐渐发现时光短暂，快乐就好，于是快乐成了我最大的目标。大学期间或许有取得荣誉的兴奋，也有付出得不到回报的疲惫，还有对未来的迷茫，更有对自我的坚定。现在回首，我收获到了志同道合的朋友，也收获到了值得期待的未来，或许可以称得上完成了我的目标，度过了一个快乐的大学生活。

1. 选择的权力：绩点的重要性

于我而言，学业上的快乐是"有选择的权力"。刚入大学时由于不适应自主的学习模式，我的几科数学成绩都不尽如人意。大二时，我确定了继续深造的想法，开始了解保研，却发现自己的成绩排名距离保研很远。于是转而选择了留学，但当时恰逢疫情，因此我也并未下定决心。在那一刻，我意识到好的成绩或许不是大学的全部，但好的成绩可以让我在选择时更加自由。保研和留学都需要高绩点，于是我开始在学业上十分认真，努力提高自己的绩点。

2. 迈出第一步：尝试的重要性

对于保研，我也积极参加各类比赛。受到当时财管专业的室友的影响，我第一次接触到了 ERP（Enterprise Resource Planning，企业资源计划）类的商业比赛，也是通过这类比赛，我获得了省级奖状。正向反馈刺激了我，于是我又和室友一起立项了一个"大创"项目，经历了寻找指导老师、寻找队友、寻找以往项目经验等步骤，让我对参加比赛的全流程更加熟悉。后来在班群中我偶然看到了大学生服务外包创新创业比赛的通知，此前本专业都没有人参加过这个比赛，甚至从来没有听过。尽管毫无经验，但我想着尝试一下就算是失败了也是一段经历。于是我确定了选题，在本专业中招募了队友，也根据比赛需要的技能招募了计算机专业和经济专业的队友。五个比赛小白不懂任何比赛技巧，踏踏实实地按照参赛要求打磨作品，最后竟然一路闯进了国赛获得国家级二等奖，现在想来或许是实力、运气凑到了一起吧。当然，也并不是每个比赛都是如此，在参加了很多场比赛后，努力却得不到回报也是常事。因此我觉得永远都不要害怕踏出第一步，多尝试或许就会收获到意料之外的喜悦。

3. 沿途的风景：不意外的意外之喜

除了比赛之外，在偶然情况下我还跟随统计学课程的老师开始写论文。商学院对于论文的加分政策十分严格，在当时，我第一次接触科研论文，既不知道论文能否发表，也不知道论文能否加分。不过我仍然认为尝试是最重要的，能在老师的指导下写作论文是一次难得的机会，经历比结果更加重要。事实证明，尽管这篇论文在保研加分时没能派上用场，但对我的科研能力和保研面试都产生了积极的影响。

尽管为保研我做了许多努力，然而保研竞争实在激烈，我仍然没有办法在当时就确定我一定能够保研。于是，我还是在大二结束时确定了出国留学。得益于我大二初的醒悟，我的绩点对于出国申请还是有一定竞争力。之后那段时间，除了保证绩点的上升，我全身心地投入在语言成绩、GRE 考试，以及留学的文书写作中。然而，有时候命运总是不按常理出牌，在大三结束后的保研预排名中，我竟然能够获得保研名额，并且排名并不算特别靠后。那一刻我真的很开心，这意味着我拥有了"选择的权力"。不论我选择留学还是保研，这都是我自由选择的，

而不是在种种因素下被迫选择的。当然，最后在学业上我也收获了圆满的结局。

4. 压力的调节器：友情的美妙

另外，生活上的快乐离不开和谐的人际关系。或许是我追求快乐的宗旨，我和朋友们在一起的氛围总是轻松快乐的，因此我很幸运地收获了一众好友。有能够畅快听你诉说的挚友，有能够放松解压的寝室氛围，这样一群愿意陪我吃喝玩乐、相互陪伴的朋友们，是我快乐的大学生活必不可少的一部分。

在所有的升学途径中，保研的准备时间可以说是最长的，同时保研的竞争相当激烈。所以，希望学弟学妹们能保持一定的松弛感，把过程看作最重要的、能够锻炼能力的环节，把成果看作是意外之喜，这样才有足够好的心态来面对长达三年的保研之旅。

学子十二：成为更好的自己

专业：工业工程

去向：保研至重庆大学

1. 积极主动的学习状态

在进入大学后，与以往最为不同的便是学习状态的转变，从被动到主动，从逃避到积极，从而真正意识到积极学习的状态和主动学习的意义。

首先，学习不再拘泥于课本知识的传授或灌输。曾经我所接受的教育几乎都是单向的、直接的、不必过多思索的，但其实这样的学习更像是背诵和记忆。进入大学后才发现，学习中最为重要的是思考和转化。就我的专业而言，在工业工程的领域里，我们可谓是已经"站在了巨人的肩膀上"，基于各种问题分析的方法与工具，能够解决制造行业的许多问题，但随着时代的进步和科技的发展，原本被固定于形的各类工具方法，现在被转化为着重于优化与改善的"IE 思维"，拓展到医疗、电商、物流等更加广泛的应用当中，这是目前专业"大牛们"正在思考的创新点。所以，对于我们来说，并不是书本上和案例中的知识不重要，而是它们太基础，必定需要被掌握。此外，我们还需要结合身边事、社会事、国际事，拓宽眼界去思考，把基础的知识转化为自身的能力，再把自身的能力转化为创新的成果，这是灵活的学习。

其次，我发现了专业的学习并不是一定要"专"。在过去的认知中，似乎每个人都对自己本专业的内容如数家珍，但并不了解这个范围之外的事物，也就有着"内行"与"外行"的差别。然而，我在学习本专业内容的时候就出现了疑惑，制造与机械的知识我们在学，服务与经济的知识我们在学，统计与编程的知识我们也在学，看上去杂乱得像是糅合了多个专业的学习内容，但实际上确实是本专业的培养要求。考虑到工业工程这个专业出现不久的状况可以发现，现在的社会并非不再需要行业专精的人才，而是对于多功能性的人才也是渴求着的，况且就我个人而言，这种各类知识都需知晓的学习方式恰好挺合适，虽然泛而不精，但涉及的维度足够广阔，这又何尝不是一种不错的模式呢。

最后，我再一次意识到"活到老，学到老"的含义。我对这句话的解读有两个层面：一是世界变化莫测，科技发展迅速，在不经意间，我们有了智能手机和超级计算机，不久后兴起了线上支付和电商物流，到现在又大力推进智能化发展，不说太远，仅是现在就有不少人落后于发展的进度，对不少事物适应困难。而我们还生得年轻，对新事物接受良好，所以既能快速适应不断创新的生活状态，又能学习拓展新事物的各方面应用，这也就恰好证明了持续性学习的重要性。二是学习并非对已有体系的理论知识的了解和掌握，日常生活中微小的事情，哪怕是买菜、做饭、清洁，甚至与他人的一次谈话，都可以称为学习。无形的知识最大的意义便是对一个人的改变，而只要认真对待每一次经历，从中总结和反思，都会不断地学习到新的知识和技巧，这个过程会一直进行着，直到生命的终点。

2. 丰富充实的校园活动

在体验大学生活后，我才发现生活原来可以这么丰富，可以做这么多的事情，可以去尝试这么多未曾设想的趣事。虽然已经历十多年的时光，但由于大部分时间放在了学校和学习上，加之家庭原因也并未去较远的地方旅行，所以，我之前的生活几乎是在家乡小小的地界中，并没有太多变化。但在大学校园中，学习不再是唯一要点，这里有丰富的活动，来自五湖四海的同学，以及更加自由的时间和选择。我可以在周末去参加各类学生活动、讲座、团建、社会实践，而非仅仅

坐在书桌前面对着书本和作业；也可以跟着学校的安排，包一辆大巴到稍远的地方，参观纪念馆、体验下乡劳作、团队交流协作，去尝试从前难以想象的项目。

正是这些丰富的活动，撕掉了学校和教室的刻板标签，把学习扩展到更广阔的天地，给整个大学生活带来了更多的欢笑和乐趣，留下了许许多多珍贵的回忆。

3. 促进成长的学生工作

除了学习和生活外，我在进入大学时还做了一个尝试：加入学生会，体验为同学们服务的过程。说实话，在我做出加入学生会这个决定之前，我向许多人都收集了意见和建议，长辈、同学、学长学姐们都建议说需要考虑清楚，因为学生会占据我不少时间，会让人忙碌、劳累，所以从最开始我就做好了准备，这也是我选择并坚持了四年学生工作的开始。

如果让我对本科阶段的学生工作做一个总结，我会用一个词——"成长"。

我不断地在忙碌中学习，并规划与组织各项工作，成长为擅长于时间管理的人。最初我选择加入了商学院团委学生会组织部，开始接触与团学活动相关的各项事宜，后来成为学院团委工作的学生负责人，工作范围同时面向学校、学院和团支部，简单地说，相关工作非常烦琐，需要短时间内完成多项工作，且工作时间紧急，需整理材料较多，让我很是忙碌。在这种情况下，我对于时间的敏感程度增加，开始锻炼快速规划工作内容和撰写工作通知的能力，不断与老师和同学交流相关材料的整理和完善，在无形之中不断提升"软实力"。当然，这也给我带来了不少的麻烦，我需要牺牲部分休息时间用于组织和跟进工作，需要接连在周末参加各项活动或会议，需要时常拿着手机关注和回复消息，甚至于学习时间都受到一定影响。只是说，在坚持度过最初一段手忙脚乱的时间后，一切便慢慢走向正轨：在下课和午休的零碎时间解决掉那些繁杂的"小事务"，规划每项工作的时间节点和关联程度，寻找最为简便和有效的方式，善用整个团队的力量……时间管理，熟能生巧，这的确是经历后才能明白和掌握的技能。也正是在这样紧张的情况下，科研竞赛、社会实践、软件学习这些项目反而被提上日程，因为自我督促在不断发挥效用，成为一种正向的促进动力，所以我才能获得包括"IE亮剑"国家特等奖在内的各项竞赛奖项，才能成功获取保研资格，前往重庆大学深造。

同时，基于较长时间学生工作的经历，我意识到自己已经成长得比想象中更加坚强。也不是说学生工作是多么让人难受的事情，只是在诸多事宜一拥而上的时候，难免觉得不知所措，害怕自己不能够在时间范围内完成任务，也害怕无法提高任务的完成效果，如果再加上学习、考试、比赛和社会实践等事情，我的心理压力就会不断增大。在亲身经历这样看似让人难以喘息的阶段后，我意识到自己原来可以把每件事都捋清楚，可以快速分清轻重缓急，可以在最后把事情都完成得还算不错：沉心静气，先浅浅放下自己焦虑的心情，梳理不同事件的轻重缓急，把思考重点放在如何调配和设计解决方案上，快速设计方案、联络人员、组织开展，最后一件一件地完成即可。很多事情并没有看上去那样困难和麻烦，就像一步一步走的路，只要按照步骤一点一点完成工作就好，然后甚至发现，自己的效率似乎提高了不少。

其实，大部分人拒绝学生工作的主要原因就是感觉会被耽误时间、分走精力，但在我看来这也是一种学习，学习如何做好时间规划，学习如何撰写和整理各种材料，学习如何联络大家组织起一个活动，学习如何去表达和实践自己的想法……就像是给自己多选择了一门选修课程，认识更多的人，尝试未经历的事，锻炼自己缺乏的能力，不也如此有意义？

学子十三：平凡而又不平淡的四年

专业：财务管理

去向：重庆大学工商管理专业读研深造（初试总成绩 426）

时光荏苒，不知不觉，在四川大学商学院学习的日子接近了尾声，这一切好像就发生在不久前。还记得 2019 年的金秋踏入四川大学时，彼时的我对大学的一切都感到新奇，想要在大学里探索更多未知。但是回顾我的大学四年，好像非常的平凡，并没有做出像其他同学一样惊艳的成绩。对自己来说，大学四年，有收获有成长，当然也不乏遗憾。

1. 初入大学的迷茫

也许，从一开始，我对于大学的态度就偏离了轨道，进入大学很长一段时间，我没有思考过大学毕业后自己应该做什么，是继续深造学习、工作，还是考公。我没有对自己的未来进行一个理性的思考，尤其是大一下学期封闭在家时，我整个人仿佛与外界隔绝了一样，这样的偏离也就造就了我前期在学习上一定程度上

的失败。大一的必修课是最多的，对于保研综测资格来说，大一的必修课可以说有着举足轻重的地位，但由于我整个大一都没有意识到必修课程的重要性，因此我的成绩非常普通。后来我在专业分流时选择了财务管理，财管专业的同学都十分优秀，成绩排在前面的同学都很清楚自己的目标，后期的学习也更加努力，这就基本将我排除在保研综测之外了。大二时我经过慎重思考，也给自己定下了考研的目标。

2. 沉淀之后的成长

大二给自己定下了考研目标后，专业课的学习和比赛按部就班，尽力在学习和比赛中获得收获和成长，而不纠结结果。整个人沉淀下来，我不迷茫也不焦躁了。大二时，我逐渐接手组织部，现在回想起来，组织部真算是我大学四年里的重要篇章之一。在组织部的四年，有收获也有成长，还有过抱怨，但是真的坚持过来后再回过头来看，在组织部的磨炼带给我的成长与变化都在潜移默化地影响着我。我在学习上表现平淡，反而是在组织部，让我的大学生活多了一抹色彩。现在总结起来，组织部带给我的影响主要体现在以下三个方面吧。

第一，硬实力提升。在组织部的四年，写新闻稿、写策划、做PPT、收集整理材料、统计学院各种跟基层团务相关的信息，这些对于我的写作硬实力有极大的提升，让自己逐渐习惯在每一份写作中如课程小论文、课程总结、考研复试各种材料撰写中，都会注重条理、逻辑与重点。

第二，认识更多的朋友。院团委是一个大平台，在这里，有志同道合的朋友，也有并肩作战的战友，朋友与战友之间总是相互鼓励、相互帮助，而这种帮助也不仅仅局限于工作上，还扩大到学习上的互帮和生活上的互助。通过院团委这一平台，我们还能接触到其他部门的同学，接触到更多有意思的活动，从而丰富自己的大学生活。

第三，更加自信。大二是我在组织部成长得最快的一年，我承担起了部门负责人的责任，不再像以前一样只需要做一些文字或者材料整理的工作。从招新到每一次例会再到组织大一的同学策划举办各种活动，我牵头组织安排，这些经历不仅让我提高自我价值和人际影响力，也让我更加真实、开放和自信地迎接学习和生活中的挑战和机遇。在考研复试中，面对复试的老师，相较于大一部门面试时面对学长学姐，我能够感觉到自己明显更加自信了。

3. 大学末期的冲刺

时间很快来到了大三下学期开学，这个时候我知道，学习生活的重心应该要调整。经过寒假对考研和院校的了解，在大三下学期开学之后，我逐渐调整自己的状态包括作息和习惯，以适应考研的节奏。一开始，我就意识到考研这条路必定是持久战，绝不是一时的冲动和兴起，因此，重要的不是一开始就急于求成，盲目跟风，头脑冲动，而是坚持不懈。相反，我首先采取了循序渐进的方式，慢慢调整一个规律的、比较适合自己的、能够持久的作息。对于考研，首先要在心理上战胜它，然后从行动上重视它。作为川大的学生，我对于自己的学习能力还是有一定的自信，因此哪怕一开始的数学难得让我觉得怀疑人生，我也不会有放弃的想法，反而静下心来啃知识点。我也要承认困难，明确自己的弱势，作为一个文科生，我知道数学是我的弱项，相对而言，英语和政治没有那么困难，因此，整个前期（直到10月份）我都把重心放在了数学上，我通过多学习、多刷题来攻克弱点；我也坚持每天背英语单词，到后期，英语和政治的复习也是采取循序渐进的方式。

此外，要学会利用资源。各类考研信息需要自己去搜索信息，因此，要充分利用身边的资源。可以请教本学院的学长学姐，多咨询、多参考他们的复习计划和时间安排，以及他们的经验。确定了目标院校之后，找目标院校的同学或者学长学姐咨询如何获取专业课的资料资源等问题。不要只是埋头苦干，找对方法反而事半功倍。

考完研后再回头来看，我觉得考研最重要的就是坚持，不要被外界环境所影响，遵循自己的脚步，坚持一个适合自己进度的作息和规划，找对方法，坚持下去，不放弃，最后的结果都不会差。

4. 总结

总而言之，平凡又不平淡的大学四年，是有收获也有遗憾的大学四年。考研过程中我时常想着，我总不能在同一个地方摔倒两次，如果能够考上研究生，就一定要尽早地去规划自己的未来，更早地为了自己的目标去准备、去奋斗。我现在已经成功上岸，给自己定下了一些语言方面、专业方面的目标，并在努力实现它们的过程中。